Dr. Henry Cloud

The Secret

und die Geheimnisse Gottes

Ihre Wünsche –
und wie sie in Erfüllung
gehen können

B|R|U|N|N|E|N
VERLAG GIESSEN·BASEL

Titel der amerikanischen Originalausgabe:
The Secret Things of God. Unlocking the Treasures Reserved for you.
Copyright © 2007 Dr. Henry Cloud
Veröffentlicht in Übereinkunft mit HOWARD BOOKS,
a division of Simon & Schuster, Inc., 1230 Avenue of the Americas,
New York, NY 10029, USA.
Alle Rechte vorbehalten.

Übersetzung aus dem Amerikanischen: Gabriele Herling
Lektorat: Renate Hübsch

Bibelzitate folgen i. d. R. der Übersetzung *Hoffnung für alle*.
© 1983, 1996, 2002 by International Bible Society.
Übersetzt und herausgegeben durch: Brunnen Verlag Basel, Schweiz.
Verwendung mit freundlicher Genehmigung des Verlags.
Weitere verwendete Übersetzungen sind wie folgt gekennzeichnet:
EÜ – *Einheitsübersetzung der Heiligen Schrift*.
© 1980 Katholische Bibelanstalt GmbH, Stuttgart.
GN – *Die Gute Nachricht*. Die Bibel in heutigem Deutsch.
© 1982 Deutsche Bibelgesellschaft, Stuttgart.
L – *Lutherbibel* in der revidierten Fassung von 1984.
© 1985 Deutsche Bibelgesellschaft, Stuttgart.
RE – *Revidierte Elberfelder Bibel*.
© 1985, 1992 R. Brockhaus Verlag, Wuppertal.
NL – *Neues Leben Bibel*. © Copyright der amerikanischen Ausgabe 1996
by Tyndale House Publishers Inc., Wheaton, Illinois, USA. Originaltitel:
Holy Bible, New Living Translation / © Copyright der deutschen Ausgabe
2002 und 2005 Hänssler Verlag, D-71087 Holzgerlingen, Germany.
All rights reserved.
NGÜ – *Neue Genfer Übersetzung*. © 2003 Genfer Bibelgesellschaft, Genf.

2. Auflage 2009

Copyright der deutschen Ausgabe
© 2008 Brunnen Verlag Gießen
www.brunnen-verlag.de
Umschlagfoto: Getty Images, München; Digitalstock
Umschlaggestaltung: Sabine Schweda
Satz: DTP Brunnen
Herstellung: GGP Media GmbH, Pößneck
ISBN 978-3-7655-1907-9

Inhalt

Willkommen 5
Die Suche 8

Das Geheimnis offenbart
Wenn Sie Gott suchen, wird er sich zeigen 23

Der Schlüssel zu allen anderen Geheimnissen
Vertrauen ist der Schlüssel, der die Tür zu den Schätzen
des Himmels öffnet 37

Geheimnisse des Glücks
Man kann nicht beziehungslos und gleichzeitig
glücklich sein 57
Ihre Gedanken beeinflussen Ihre Gefühle 64
Sie sind so glücklich, wie Sie frei sind 74
Sich negativen Gefühlen zu stellen, führt zu positiven
Gefühlen 82
Ein glückliches Leben hängt nicht von glücklichen
Umständen ab 93

Geheimnisse glücklicher Beziehungen
Gute Beziehungen entstehen, wenn man die Fähigkeiten
besitzt, sie zu gestalten 103
Sie ziehen die Beziehungen an, die zu Ihnen passen ... 110

Unangebrachtes Vertrauen öffnet dem Unglück die Tür	117
Zorn stärkt Beziehungen	125

Geheimnisse über die Erfüllung Ihrer Bestimmung

Es gibt eine Bestimmung für Ihr Leben	137
Ihr Herz bestimmt den Kurs Ihres Lebens	144
Wir sind nicht alle gleich	152
Was Sie einsetzen, wird wachsen	158
Ganzer Einsatz bringt reale Ergebnisse	164

Geheimnisse Gottes

Gott sucht eine Beziehung zu Ihnen	175
Gott ist für Sie, nicht gegen Sie	180
Gott will nicht, dass Sie sich schuldig fühlen	187
Sie können Gott vertrauen	199
Gott möchte etwas von Ihnen	206
Schlusswort	211
Anmerkungen	215

Willkommen

Sie haben dieses Buch vielleicht zur Hand genommen, weil Sie *The Secret – Das Geheimnis* von Rhonda Byrne gelesen oder davon gehört haben. Rhonda Byrne beschäftigt sich darin mit der Beziehung des Menschen zum Universum. Sie stellt dar, wie das Verständnis für das, was hinter dem Schleier liegt, unser Leben, unsere Beziehungen und Ziele drastisch beeinflusst. Die Tatsache, dass Millionen Menschen auf *The Secret – Das Geheimnis* reagiert haben, zeigt, welch tiefe Sehnsucht wir alle nach zwei Dingen haben:

Erstens: Wir alle wollen das Wesen des Universums und all der Dinge, die jenseits dessen, was wir sehen können, liegen, verstehen.

Zweitens: Wir alle hungern nach Prinzipien und Methoden, die das Leben gelingen lassen.

Millionen fanden die Botschaft von *The Secret – Das Geheimnis* faszinierend und inspirierend. Aber das Buch hat auch Fragen aufgeworfen, vor allem bei Menschen, die sich der jüdisch-christlichen Tradition zurechnen:

1. Sind die Kräfte, die das Universum und unser Leben kontrollieren, *unpersönlich und desinteressiert an Einzelschicksalen*, wie es *The Secret – Das Geheimnis* darlegt; oder ist die Macht hinter allem doch eher persönlicher Natur?
2. Gibt es nur *ein Geheimnis*, d. h. Ihre Gedanken erschaffen Ihr Leben, Gut und Böse? Oder gibt es im spirituellen Universum eine Mehrzahl von Gesetzen, die das Leben gelingen lassen, so wie es im physischen Universum der Fall ist?
3. Liegt es allein an Ihnen, Ihr Leben gelingen zu lassen, oder ist es eine *gemeinschaftliche Anstrengung* zwischen Ihnen und einer größeren Macht, der etwas an Ihnen liegt und der es

ebenso sehr wie Ihnen selbst am Herzen liegt, dass Ihr Leben gelingt?

Mit diesen und noch weiteren Fragen beschäftigt sich *The Secret und die Geheimnisse Gottes*.

Dieses Buch ist keine christliche Argumentation für oder gegen *The Secret – Das Geheimnis*. Tatsächlich stimmt es in einigen Punkten damit überein und weicht in anderen davon ab. Aber *Die Geheimnisse Gottes* ist nicht nur eine Diskussion über die Prinzipien von *The Secret – Das Geheimnis*. Es ist ein Buch, das ernst nimmt, dass wir alle offenbar einen tiefen spirituellen Hunger haben. Der Erfolg von *The Secret* hat das deutlich gezeigt. Zugleich bietet dieses Buch bewährte spirituelle Wahrheiten, die sich auf die Bibel berufen und die dabei helfen, das Leben gelingen zu lassen. Wir alle wollen wissen, was es da draußen noch gibt, wer diese Macht ist, wie sie funktioniert, wie wir uns am besten zu ihr stellen und ob sie einen Namen hat.

Die spirituelle Atmosphäre unserer Gesellschaft erinnert mich an das antike Griechenland. Hier waren die unterschiedlichsten Diskussionen und Ideen über spirituelle Dinge im Umlauf. Als der Apostel Paulus die Bühne betrat, unterstützte er diese Suche nach spirituellen Wahrheiten. Im Grunde sagte er den Menschen in Athen: „Ich sehe, dass ihr spirituelle Menschen seid, die einem unbekannten Gott einen Altar gebaut haben. Von diesem unbekannten Gott will ich euch erzählen." Und er redete zu ihnen über einen Grundsatz des spirituellen Lebens, über den ich auch mit Ihnen sprechen möchte:
- Gott möchte eine Beziehung mit Ihnen; er möchte, dass Sie ihn suchen und ihn finden. Er sagt sogar, dass unsere gesamte Existenz und der Zweck unseres Lebens in ihm liegen.[1]

Der Titel dieses Buches nimmt einen Satz auf, den der Apostel Paulus in einem seiner Briefe geschrieben hat. In ihm sagte er: „Ihr sollt in uns Diener von Christus sehen, denen man die Aufgabe anvertraut hat, Gottes Geheimnisse zu erklären."[2] Diese Geheimnisse sind in der Tat ein großes Vermächtnis – ein Schatz, der im wahrsten Sinne Ihr Leben verändern kann. Die spirituellen Wahrheiten, die Sie auf diesen Seiten finden, werden Sie mit dem Gott in Verbindung bringen, der das Universum geschaffen hat und der die Geheimnisse preisgibt, *die das Leben gelingen lassen.*

Die Suche

Der Beginn meiner eigenen Suche …

Es war das Sommersemester meines zweiten Studienjahrs. Ich war mit meinen Bemühungen, das Leben zu verstehen und auf die Reihe zu bekommen, am Ende. Hinter mir lagen eine gescheiterte Beziehung und ein gescheiterter Karrieretraum, und ich war vergeblich bemüht, mich aus der Depression zu befreien, die mich Tag um Tag verfolgte. Ich war am Ende meiner Möglichkeiten angekommen.

An diesem Sonntagnachmittag saß ich in meinem Studentenzimmer und hing meinen Gedanken nach. Ich dachte daran, wie ich voller Hoffnung auf Erfolg in diesen drei Lebensbereichen auf die Universität gekommen war. Es war gerade einmal eineinhalb Jahre her, dass ich so voller Träume und Optimismus gewesen war. Als ich an die Uni kam, freute ich mich auf ein aufregendes Beziehungsleben, nachdem ich die üblichen Teenagerbeziehungen mit wechselndem Erfolg hinter mich gebracht hatte. Ich hoffte darauf, meinen Traum von einer erfolgreichen Karriere im Universitätsgolf zu verwirklichen. Und ich hatte zweifellos gehofft, dass all das mich glücklich machen würde. Aber nach der Trennung von meiner Freundin kam auch noch eine Handverletzung dazu, die mein Golfspiel derart beeinträchtigte, dass ich nicht mehr gut genug war, um noch weiter professionell zu spielen. Dieser doppelte Verlust machte es zu einem täglichen Kampf, überhaupt aufzustehen und in Gang zu kommen. Und mir war schmerzlich bewusst, dass es da zwischen dem Punkt, den ich hatte erreichen wollen, und dem, an dem ich mich befand, eine Kluft gab. Und diese Kluft war erschreckend tief.

Ich saß also da und grübelte. Ich fragte mich: *Wie willst du das alles auf die Reihe bekommen?* Wie machten es andere, sich in den richtigen Menschen zu verlieben? Wie fanden sie den einen besonderen Weg, der aus ihren wahren Talenten und Gaben eine sinnvolle und erfolgreiche Karriere machte? Vergessen Sie sinnvoll ... wie schafften sie es überhaupt, ihren Lebensunterhalt zu verdienen? Und wie schafften sie es, glücklich zu sein? Was war der Trick? Was war das „Geheimnis", alles gelingen zu lassen?

Zu diesem Zeitpunkt war ich nicht das, was Sie religiös nennen würden. Bei Weitem nicht. Ich hätte mich noch nicht einmal als spirituell interessiert bezeichnet, was ja zumindest bedeutet, dass sich jemand Zeit nimmt, sich Gedanken macht und sich bemüht, in einem gewissen Ausmaß eine spirituelle Persönlichkeit zu entwickeln. Ich war nur ein Typ, der versuchte seinen Weg zu finden und alles auf die Reihe zu bekommen. Ich ging also nicht mit irgendwelchen spirituellen Hoffnungen, Plänen oder Erwartungen, dass Gott sich vom Himmel herabbeugen und alles zum Besseren wenden würde, an meine Situation heran. Das gehörte einfach nicht zu meinem Vorrat an Lebenserfahrung. Was dann passierte, war daher eher ein heftiger Schock für mich. Ich hatte keine Ahnung, dass sich alles ändern würde – für immer.

Als ich so auf meinem Bett saß und über die Dinge des Lebens nachgrübelte, sah ich mich im Zimmer um, und da stand auf meinem Bücherregal meine Bibel. Ich spürte eine Art Sog oder Faszination, ein Fragen, ob sie mir in meiner Lage etwas zu sagen hätte. Wie auch immer Sie diesen Impuls beschreiben wollen, ich hatte so etwas vorher noch nie verspürt. Ich hatte die Bibel noch nicht ein einziges Mal aus dem Regal genommen, seit ich an die Uni gekommen war. Aber da stand sie. Ich ging hin und nahm sie in die Hand.

Dann passierte es. Ich öffnete sie wahllos, und meine Augen blieben sofort an einem Vers hängen, der mir von der Seite entgegenzuspringen schien. Dort stand:

> Sorgt euch vor allem um Gottes neue Welt, und lebt
> nach Gottes Willen! Dann wird er euch mit allem ande-
> ren versorgen.[1]

"Mit allem anderen?" Was „alles"? Worum ging es hier? Ich las die vorangehenden Verse, und da ging es um die Dinge des Lebens, um alles, worüber wir uns Sorgen machen. Wie die Dinge, über die ich mir an diesem Tag den Kopf zerbrach ... wie meine ganze Zukunft. Dann kam Folgendes:

> Deshalb sorgt euch nicht um morgen – der nächste
> Tag wird für sich selber sorgen! Es ist doch genug,
> wenn jeder Tag seine eigenen Lasten hat.[2]

Moment Mal, dachte ich. Das muss ich noch mal lesen. Hieß es hier, dass alles irgendwie funktionieren würde, wenn ich Gott und „seine neue Welt" suchen würde? Hatte ich das wirklich gelesen? Konnte das stimmen? Zu diesem Zeitpunkt hatte ich keine Ahnung, was diese neue Welt Gottes überhaupt bedeutete, aber ich erfasste das Wesentliche. Hier hieß es, dass ich mir nicht den Kopf über die Dinge zerbrechen sollte, mit denen ich gerade beschäftigt war. Stattdessen sollte ich Gott suchen, und er würde alles andere gelingen lassen.

Für einen religiös desinteressierten Studenten wie mich lag das jenseits von allem, wovon ich glaubte, dass es funktionieren *würde*. Aber gleichzeitig hatte ich den Wunsch, *dass* es funktionieren würde. Wem geht es nicht so? Ein Leben, das tatsächlich gelingt, weil Gott dafür sorgt, dass sich die Dinge regeln? Es fühlte sich für mich ein bisschen wie Wunschdenken an – aber mein bisheriger Weg funktionierte mit Sicherheit nicht. Ich stand also vor einer Entscheidung. Sollte ich diese „Sache mit Gott" ausprobieren?

Ich muss zugeben, mein erster Gedanke über meine „Suche nach Gott" war, dass ich auf keinen Fall so werden wollte wie diese religiösen Typen. Für mich waren sie einfach nur sonderbar und definitiv nicht die Art von Mensch, mit der ich Zeit verbringen wollte. Waren das nicht die, die nie auf Partys gingen? Ich wusste, dass das nichts für mich war. Aber ich beschloss, diese Dinge erst einmal zur Seite zu schieben und den ersten Schritt zu tun: Ich wollte herausfinden, ob es Gott gab. Wenn es sich herausstellen würde, dass er da war, dann wäre der nächste Schritt, herauszufinden, ob er mir helfen konnte, ohne dass ich sonderbar würde. Das klang nach einem Plan, dem ich folgen konnte. Ich würde „Gott suchen", um herauszufinden, ob es funktionierte.

Ich glaubte, dass ich das nicht in einem Wohnheimzimmer machen konnte, deshalb lief ich über den Campus der Uni und fand eine leere Kapelle. Es war kalt und dunkel. Ich ging zum Altar und sprach ein einfaches Gebet. Es ging etwa so: „Gott ... ich weiß noch nicht einmal, ob es dich gibt. Aber wenn du da bist, brauche ich deine Hilfe. Wenn du mir hilfst, tue ich alles, was du von mir willst. Nur hilf mir. Finde mich." In diesem Moment wusste ich, dass sich etwas verändert hatte.

Nein – es ist nichts passiert. Keine Lichter, kein brennender Busch, kein Gefühl des Friedens. Einfach nur leere Stille. Äußerlich hatte sich nichts verändert, aber etwas in mir war anders. Ich hatte gerade einen wirklichen Glaubensschritt gewagt ... und ich wusste, wenn Gott sich nicht in irgendeiner realen Weise zeigte, dann hatte sich mein Leben gerade erheblich verschlechtert. Ich wusste, wenn er mir nicht antwortete, dann war ich wirklich allein im Universum. Mein ganzes Leben lang hatte ich das gute alte, irgendwie vertraute Sicherheitsnetz gehabt, dass „es da draußen einen Gott gibt, der nett ist und uns liebt". Aber jetzt hatte ich tatsächlich einen Schritt getan und ihn gebeten, etwas zu tun. Es ist eine Sache zu glauben, dass es Gott gibt, und die Sicherheit zu haben, dass er existiert, auch wenn man diesen Glauben niemals getestet oder etwas damit angefangen hat. Man kann wenigstens glauben, dass er da ist, und darin ein bisschen naiven Trost finden. Aber wenn man den ersten Schritt aus dem Boot heraussetzt, dachte ich, dann findet man heraus, ob er da ist oder nicht. Und wenn er nicht antwortet, ist auch dieses kleine bisschen Glaube weg, das man noch hat. Es ist eine Sache, einen Glauben zu haben, mit dem man nichts tut. Es ist etwas ganz anderes, wenn man noch nicht einmal mehr einen ungeprüften Glauben hat, auf den man zurückgreifen könnte, wenn man wollte. Ich war gesprungen.

> *Ich wusste, wenn Gott sich nicht in irgendeiner realen Weise zeigte, dann hatte sich mein Leben gerade erheblich verschlechtert.*

So weit, nicht so gut. Keine Lichter, kein Umschalten, einfach gar nichts.

Ich verließ also die Kirche und ging zurück in mein Zimmer. Die Leere war unglaublich, und ich versuchte, nicht darüber nachzudenken. Was ich noch nicht begriff, war, dass sich mein ganzes Leben ändern sollte. Als ich wieder in meinem Zimmer war, klingelte das Telefon. Es war ein Kommilitone, mit dem ich schon eine Weile nicht mehr gesprochen hatte. Was er sagte, verschlug mir die Sprache. „Okay, du bist der Letzte, den ich in dieser Sache ansprechen würde, aber du gingst mir irgendwie nicht aus dem Kopf. Wir fangen eine Bibelstudiengruppe an – und ich wollte fragen, ob du kommen möchtest."

Es fiel mir nicht schwer, die Punkte zu verbinden und zu erkennen, dass Gott mein Gebet erhört hatte. „Ich komme", antwortete ich. „Sag mir, wann."

Ich ging. Und so begann ich zu entdecken, dass es stimmte, was dieser Vers sagte.

Die Suche nach echten Antworten auf echte Fragen

Spulen wir mal etwa fünfundzwanzig Jahre vor ... Ich saß in einem Flugzeug und genoss den Gedanken an ein paar ruhige Stunden ... keine Kinder, kein Telefon, keine Arbeit. Einfach ein bisschen Zeit zum Entspannen, den geschmacklosen Film zu ignorieren und ein gutes Buch zu lesen. Dann passierte es – mein größter Flugalbtraum ... noch schlimmer als Turbulenzen. Die Frau neben mir begann eine Unterhaltung. An diesem bestimmten Tag war es das Letzte, was ich wollte. Aber sie sah mich an und fragte: „Was machen Sie denn beruflich?"

Normalerweise, wenn mich jemand so ins Visier nimmt, hole ich meine Geheimwaffe hervor, die ungewollte Flugzeuggespräche verschwinden lässt. Ich antworte: „Ich bin Autor. Ich schreibe Bücher über Gott." Fast ausnahmslos bringt mir das sofort drei Stunden Ruhe. Die meisten Menschen nicken mir kurz zu und blättern in ihrer Zeitung auf Seiten, die sie schon gelesen haben. Damit komme ich immer davon. Aber an diesem Tag war ich nicht gut drauf und sagte: „Ich bin Psychologe."

Falsche Antwort. Sie sagte sofort: „Oh, mein Gott, wirklich? Ich muss Ihnen von meinem Freund erzählen. Ich brauche Hilfe. Ich stecke fest und weiß nicht mehr, was ich tun soll. Ich liebe ihn sehr, aber ..." Sie fuhr fort und erzählte mir von ihrer Beziehung zu einem Mann, den sie sehr liebte, der aber sehr egozentrisch war und wütend wurde, wenn er nicht seinen Willen bekam. Sie beschrieb einen Kreislauf: Immer, wenn sie „Nein" zu ihm sagte, wurde er wütend, die kontrollierenden Verhaltensweisen steigerten sich, und sie erlebten ein größeres Zerwürfnis. Sie fühlte sich allein und weit weg.

„Was tun Sie dann?", fragte ich.

„Ich kann es nicht ertragen, wenn wir so eine Meinungsverschiedenheit haben und ich mich so weit weg von ihm fühle.

Normalerweise gebe ich nach, und das bringt alles zwischen uns wieder in Ordnung. Es geht uns wieder gut danach. Aber es passiert so oft, und ich weiß nicht, wie lange ich das noch aushalte. Aber ich mag ihn wirklich."

„Es macht allerdings Sinn, dass es immer so weitergeht", antwortete ich. „Wissen Sie, es gibt ein altes Sprichwort, in dem es heißt: ‚Wer jähzornig ist, muss seine Strafe dafür zahlen. Wenn du versuchst, ihn zu beschwichtigen, machst du damit alles nur noch schlimmer.' Wenn Sie nachgeben, setzt sich dieser Kreislauf fort – meistens für Jahre."

„Oh", sagte sie, „das ist ja ein tolles Sprichwort – beschwichtigen macht alles nur noch schlimmer. Das ist *so* zutreffend. Woher kennen Sie es?"

„Es steht in der Bibel", sagte ich.

„Was? In der Bibel?"

„Ja. In Sprüche 19,19. Lesen Sie es nach."

„Das gibt es doch nicht! Ich wusste gar nicht, dass so etwas in der Bibel steht. Das muss ich nachlesen."

Wir unterhielten uns weiter über das Muster ihrer Rettungsversuche, bei denen sie den Wutanfällen eines Dreijährigen nachgab, der im Körper eines Fünfunddreißigjährigen steckte. Es war tatsächlich eine nette Unterhaltung und hoffentlich hilfreich für sie. Dieses Gespräch hatte wirklich eine Wirkung für mich. Es wurde fast so etwas wie der kritische Moment, der darüber entschied, wie ich nun meine Zeit verbringe und warum ich dieses Buch schreiben wollte. Warum also?

Das steht in der Bibel?!?

Es war der Ausdruck auf ihrem Gesicht, als ich ihr sagte, dass das Sprichwort in der Bibel steht. Sie sah mich einfach nur an, etwas verblüfft, mit einem Blick, der sagte: „Was? Etwas, das so genau in meine Lage spricht, steht in der Bibel?" Sie war auf eine Art und Weise überrascht, die sehr echt wirkte und doch Bände sprach. Es rührte etwas in meiner Seele an, und es waren drei Dinge, die mich immer wieder staunen lassen.

Erstens: *Sie war verblüfft über die Genauigkeit, mit der die Bibel in ihre Situation sprach.* Als Psychologe, der seit Jahren mit vielen Menschen gearbeitet und die Behandlung von vielen weiteren überwacht hat, trifft es mich immer wieder, wenn ich sehe, wie die „Geheimnisse Gottes" durch die Forschung und in der Praxis bestätigt werden. Ein Beispiel: Die Selbsthilfegruppen für Co-Abhängige haben Millionen von Menschen geholfen, ein besseres Leben zu führen und bessere Beziehungen zu gestalten, weil sie den einen Vers angewendet haben, den ich ihr nannte. Jeden Tag werden durch andere biblische Prinzipien, die Menschen auf ihre Situation anwenden, Ehen und Beziehungen geheilt. Die erfolgreichsten, durch die Forschung bestätigten und bewährtesten Behandlungsmethoden für Depression, Angst und Suchterkrankungen stammen aus der Bibel. Ich kenne tatsächlich keinen erfolgreichen klinischen Prozess, dessen Gesetzmäßigkeit nicht mit den Geheimnissen Gottes übereinstimmt. Und in der Wirtschaft machen Finanzgenies jeden Tag Milliarden von Dollar, weil sie Finanz- und Investitionsprinzipien anwenden, die in der Bibel zu finden sind.

Es ist fast unheimlich, wie die Geheimnisse Gottes das Leben gelingen lassen.

Ich teile fast täglich das Erstaunen meiner Gesprächspartnerin darüber, wie Gottes Geheimnisse in unser Leben sprechen. Für sie war es eine Überraschung. Für mich ist es jetzt eher wie: *Ach ja, da ist es wieder.* Ganz zu schweigen von der Bestätigung der Geheimnisse Gottes, die ich in meinem eigenen Leben wieder und wieder erlebt habe, seit dem Tag in meinem Wohnheimzimmer, als ich mich fragte, ob Gott wirklich da ist. Es ist fast unheimlich, wie die Geheimnisse Gottes das Leben gelingen lassen. Aber es macht Sinn, wenn man bedenkt, dass schließlich niemand besser weiß, wie etwas funktioniert, als der Entwickler.

Zweitens: Ich bin jeden Tag wieder erstaunt darüber, *wie überrascht die Menschen davon sind, dass diese Dinge tatsächlich in der Bibel stehen.* Ich meine das auf keinen Fall abwertend. Aber so vielen von uns ist einfach nicht bewusst, was da wirklich steht. Mir ging es so, wenn Sie sich an meine Geschichte am Beginn dieser Einleitung erinnern. Bei meinem Versuch, die Welt und das Leben zu begreifen, war mir nicht klar, dass Gott in diesem Buch eine Zusage gegeben hat, wie man sein Leben ordnet, dass es gelingen kann. Und später wurde mir klar, dass ich von vielen anderen lebensverändernden Geheimnissen, die dort standen, nichts wusste.

Das Dritte, was mich immer wieder bewegt, sind die *Vorurteile, die die Menschen über die Bibel haben,* und die sich auch im Gesichtsausdruck meiner Gesprächspartnerin zeigten. Er drückte etwas aus wie: „Ich wusste gar nicht, dass da etwas drinsteht, was mich interessieren könnte." Millionen suchen nach Sinn und Glück und nach Antworten auf die Frage, wie man beides finden könnte. Aber die Bibel sehen sie als ein Buch voller Mythen und Fabeln, unwissenschaftlich, veraltet, bigott und moralistisch. Wenn sie dann entdecken, dass sie doch etwas Hilfreiches enthält, kollidiert diese Entdeckung mit ihren Vorurteilen.

Und es gibt einen Grund dafür, warum mich das so bewegt: Viele Menschen sind auf ganz nachvollziehbare und aufrichtige Weise zu dieser Meinung gekommen. Sie haben befremdliche Christen im Fernsehen gesehen und noch befremdlichere im wahren Leben. Diese Erfahrungen haben ihre Meinung bestärkt, dass die ganze Sache mit dem Christentum verrückt sein muss. Ich erinnere mich, dass ich lange Zeit dachte: Mit Gott habe ich kein Problem – aber seine Leute …! Wenn ich mit Menschen über Gott rede und herausfinde, dass sie das Interesse an ihm verloren haben, weil irgendwelche Leute alberne Glaubensäußerungen von sich gegeben haben, möchte ich immer sagen: „Macht das nicht!" Lasst euch nicht von einem Verrückten oder einer schlechten Erfahrung abhalten. Das ist, als wenn man essen ginge, etwas Schlechtes serviert bekommt und daraufhin entscheidet, nie wieder in ein Restaurant zu gehen.

Auftritt The Secret – Das Geheimnis …

Ich hörte zuerst durch einen guten Freund von Rhonda Byrnes Buch *The Secret – Das Geheimnis*. Er wusste, dass ich mich mit spirituellen Dingen beschäftigte, und sagte, das Buch wäre ein echtes Phänomen und ich solle es unbedingt lesen. Also kaufte ich mir ein Exemplar und packte es auf meinen Stapel Lesematerial, der für den nächsten Flug bereitlag, bei dem meine Sitznachbarin keinen kontrollwütigen Freund haben würde. Ich erinnere mich, dass ich interessiert war, aber keine Ahnung hatte, was als Nächstes kommen würde.

Als ich dann schließlich dazu kam, das Buch zu lesen, war ich fasziniert. Ich war fasziniert, weil ich herausfand, dass das Interesse an dem Buch eine noch größere Geschichte erzählte als das Buch selbst. *Was mich packte war das riesige Interesse der Menschen an spirituellen Dingen. The Secret – Das Geheimnis* ist ein Buch, in dem es darum geht, zu bekommen, was man im Leben haben will. Aber es ist auch ein Buch, das noch über den logischen Plan, durch den man seine Ziele erreicht, hinausblickt. Es sucht nach einer spirituellen und metaphysischen Realität, die über unser alltägliches Leben hinausgeht. Es spricht davon, dass es spirituelle Realitäten gibt, die das Universum bestimmen, und dass diese so real sind wie die physikalischen

Gesetze, nach denen wir alle leben, so real wie die Schwerkraft. Und Millionen von Menschen lesen dieses Buch.

Sicherlich liegt ein Teil des Reizes darin, dass Menschen wissen wollen, wie sie im Leben das erreichen, was sie erreichen wollen. Ich kann mich damit identifizieren, wie der Tag in meinem Wohnheimzimmer zeigt. Aber ich glaube, wir alle wollen mehr. Ich glaube, dass das Rieseninteresse an diesem Buch uns zeigt, dass wir alle eine spirituelle Seite haben. Wir alle suchen nach etwas, das größer ist als wir selbst, und wir sehnen uns danach, mit jemand Größerem verbunden zu sein. Wir sehnen uns danach, mit etwas verbunden zu sein, das über das materielle Universum, das wir sehen, fühlen und anfassen können, hinausgeht. Wir wollen wissen, was jenseits unserer Wahrnehmung liegt. Wir wollen die echten Geheimnisse kennen. Wenn da mehr ist, wollen wir damit in Kontakt kommen.

Wenn Sie Ihre Ziele erreichen, dann geschieht das, weil spirituelle Prinzipien am Werk sind.

Und darum schreibe ich dieses Buch. Ich glaube, es stimmt, was in *The Secret – Das Geheimnis* steht. Es gibt mehr im Leben, als das, was wir sehen. Die sichtbaren Dinge, die wir sehen und erreichen, beginnen nicht in der sichtbaren, sondern in der *unsichtbaren* Welt. Wenn Sie Ihre Ziele erreichen, dann geschieht das, weil spirituelle Prinzipien am Werk sind. Wenn Sie eine erfüllende Beziehung finden, liegt das nicht daran, dass ein Freund eine Verabredung arrangiert hat oder Sie eine gute Partnervermittlung gefunden haben. Es sind unsichtbare Gesetze am Werk. Wenn Sie eine Depression oder eine Sucht überwinden, geschieht dies nicht, weil Sie sich stärker angestrengt haben. Spirituelle Realitäten sind mit im Spiel. Der Schöpfer des Universums hat in das Leben spirituelle Gesetze eingebaut, die so real sind wie die physikalischen Gesetze, z. B. wie die Schwerkraft.

Die Suche

Wenn wir uns entsprechend dieser Gesetzmäßigkeiten verhalten, funktioniert das Leben besser.

In diesem Buch möchte ich einige der kraftvollsten Geheimnisse Gottes offenlegen. Geheimnisse, die die Dinge beeinflussen, um die sich Psychologen sorgen ... und die Ihnen wichtig sind:

* Wie Sie sich fühlen
* Wie Ihre Beziehungen funktionieren
* Wie Sie Ihre Ziele und Träume verwirklichen
* Wie Sie Ihr Leben in den Griff bekommen
* Wie Sie Gott finden und kennenlernen können

Außerdem geht es in diesem Buch darum, in welcher Beziehung einige der Prinzipien aus *The Secret – Das Geheimnis* zu biblischen Prinzipien stehen, wo die Bibel sogar noch weiter geht und wo sie andere Ansichten als *The Secret – Das Geheimnis* hat. Ich glaube, es wird Spaß machen und interessant sein. Sie können nicht nur (ganz ohne Flugreise) die „Geheimnisse Gottes" entdecken, von denen Sie nicht wussten, dass es sie gibt. Sie können auch vergleichen, wie Menschen verschiedenen Glaubens über dieselben Themen sprechen. Interessant und hilfreich wird das Buch für Sie auch dann sein, wenn Sie einige dieser Geheimnisse schon ihr ganzes Leben lang kennen und doch nicht wissen, wie Sie sie in Ihrem Leben *anwenden* können. Genau darüber werden wir sprechen.

> *Das Leben beruht ebenso sehr auf physikalischen wie auf spirituellen Gesetzen.*

Ich hoffe, dass Sie drei Dinge in diesem Buch finden, unabhängig davon, ob Sie Gott das erste Mal entdecken oder ihn besser kennenlernen:

Erstens, dass Gott sehr real ist und Sie sehr liebt, egal was Sie zu diesem Thema schon gehört haben.

Zweitens, dass er uns in einige Geheimnisse einweihen will, die ganz bestimmt funktionieren.

Und drittens, dass Sie nicht sehr religiös sein müssen, um diese Dinge zu genießen (und wenn Sie so sind wie ich, dann sind Sie darüber bestimmt erleichtert). Seien Sie einfach nur offen und ehrlich auf dieser Reise. Gott tut den Rest. Auf geht's.

*Egal, an welchem Punkt Ihrer Glaubensreise
Sie sich befinden, ob Sie gerade einmal die Zehen
ins Wasser stecken, um herauszufinden,
ob es etwas gibt, an das es sich zu glauben lohnt,
oder ob Sie schon lange dabei sind und sich eine
reichere und erfüllendere Beziehung mit dem Schöpfer
des Universums wünschen, der Startpunkt ist immer gleich.
Machen Sie sich auf die Suche. Damit beginnt alles.
Sucht, und ihr werdet finden.*

Wenn Sie Gott suchen, wird er sich zeigen

Wenn ihr mich sucht, werdet ihr mich finden.
Ja, wenn ihr mich von ganzem Herzen sucht,
will ich mich von euch finden lassen.
Das verspreche ich euch.

JEREMIA 29,13.14

Das Geheimnis, Gott zu finden, besteht darin, ihn zu suchen. So einfach ist das.

Einer der Anziehungspunkte von *The Secret – Das Geheimnis* ist die Aussage, dass jeder jederzeit und überall mit dem Universum in Kontakt treten kann und eine Antwort erhält. Das hat eine spirituelle Saite in Millionen von Lesern angeschlagen. Einer der Hauptunterschiede zwischen dem jüdisch-christlichen Glauben und anderen Religionen liegt darin, dass wir mit einem Gott in Verbindung treten, der uns ganz persönlich kennt und dem etwas an uns liegt. Dieser Gott gibt uns eine absolute Garantie darauf, dass *jeder* ihn findet, der es will. Es gibt keinen Trick, keinen Kniff, kein Labyrinth, keine Anforderung, die alle erfüllen müssen, die ihn suchen. Er verspricht, dass wir ihn finden, wenn wir es wollen. Wie wir da so sicher sein können? *Weil er auch nach uns sucht und es schon immer getan hat.* Das ist das Geheimnis, wie man Gott findet – in der Auffassung der jüdisch-christlichen Tradition. Wir finden ihn, weil er gefunden werden will. Und mehr noch, weil er jeden Tag wieder versucht, uns zu finden.

Sie suchten Gott ... und er zeigte sich

Es schien ein Tag wie jeder andere bei der *New Life Live*-Radiosendung zu sein, Hörer riefen an und stellten Fragen zu all den Themen, die wir in dieser Sendung angehen. Aber dann rief ein junger Mann mit einer ganz anderen Frage und einer ganz anderen Art von Schmerz an.

Mit bewegter Stimme stellte er Fragen, die, das spürte man, aus tiefster Seele kamen. Unser Gespräch verlief etwa so:

„Ich habe Ihnen zugehört und verstehe nicht, wie Sie so über Gott sprechen können ..."

„Wie meinen Sie das?", fragte ich.

„Sie sprechen über ihn, als ob er da wäre ... und als ob Sie wüssten, wer er ist ... Es gibt doch so viele Religionen, so viele Glaubensrichtungen ... Wie können Sie so sicher sein, dass er da ist? Woher wissen Sie, welcher Gott der wahre Gott ist?"

„Darf ich Sie etwas fragen?", antwortete ich. „*Wollen* Sie es wissen? Wollen Sie es *wirklich* wissen?"

„Ja, natürlich ... sehr sogar. Ich würde so gern wissen, dass Gott da ist, und wer er ist."

„Ich frage deshalb, weil viele Menschen sich über Gott Gedanken machen. Sie diskutieren und debattieren über ihn mit Freunden. Und sie wünschen sich, dass sie wüssten, ob es ihn gibt oder nicht, aber nur von einem intellektuellen Standpunkt aus. Aber Gott sagt, dass Sie eine persönliche Verbindung zu ihm haben können, wenn Sie ihn wirklich kennenlernen und wissen wollen, wer er ist. Und er sagt, dass Sie ihn finden werden, wenn Sie ihn suchen, wenn Sie ihn ernsthaft suchen. Deshalb frage ich Sie: Wollen Sie es wirklich wissen?"

„Ja ... das will ich", sagte er.

„Okay. Tun Sie Folgendes. Vergessen Sie all Ihre Fragen, Gedanken und Zweifel. Egal, wo Sie jetzt sind. Und bitten Sie ihn einfach, sich Ihnen zu zeigen. Setzen Sie so viel Vertrauen in ihn.

Bitten Sie ihn, Ihnen zu zeigen, wer er ist und wie sein Name lautet. Sagen Sie ihm, dass Sie ihn kennenlernen möchten, und bitten Sie ihn, dass er Sie findet. Wenn Sie das tun und es wirklich ernst meinen, wird er Sie hören. Sie werden ihn finden."

„Das ist alles? Alles, was ich tun muss?", fragte er.

„Das ist alles, was Sie tun müssen", sagte ich. „Aber Sie müssen es mit aufrichtigem Herzen tun. Wenn Sie es getan haben, melden Sie sich und erzählen Sie uns, was passiert ist."

Er rief uns später zurück und berichtete uns, dass er tatsächlich eine echte Beziehung mit Gott begonnen hätte, die mit diesem Telefonanruf angefangen hatte. Das war spannend. Noch spannender aber war, dass aufgrund dieses Anrufs noch etwas anderes in einem ganz anderen Teil des Landes passierte. Noch jemand hatte zugehört, und das führte zu einer Begegnung ganz anderer Art. Kurz nach diesem Anruf im Radio erhielt ich eine sehr interessante Nachricht auf meiner täglichen Nachrichtenliste. Dort stand:

Ich weiß nicht, wie ich es erklären soll, aber an dieser Nachricht war etwas anders, wie sie da auf dem Papier stand.

Eine Frau aus Boston hat angerufen und gesagt, Sie hätten im Radio gesagt, dass Sie gern mit Nichtchristen über Gott sprechen. Sie würde gern mit Ihnen reden. Sie kommt nach Los Angeles und würde sich gern mit Ihnen treffen.

Zunächst wunderte ich mich, wie diese Nachricht auf meine Liste gelangt war. Unser Callcenter erhält jeden Monat mehr als zwanzigtausend Anrufe, und es gibt Mitarbeiter, die die Anrufe bearbeiten, die nach den Sendungen kommen. Meistens geht es darum, dass jemand Hilfe in seiner Nähe finden muss, eine Beratung, einen Workshop oder Unterstützung durch unser Team. Es war also sehr ungewöhnlich, dass dieser Anruf an meine Assistentin durchgestellt wurde, da das nicht die normale Vorgehensweise war. Aber irgendwie passierte es.

Normalerweise wäre ich gar nicht in der Lage, mich mit jemandem zu treffen, der über etwas sprechen wollte, das ich in der Sendung gesagt hatte. Dafür gibt es viel zu viele Fragen und zu wenig Zeit. Ich weiß nicht, wie ich es erklären soll, aber an dieser Nachricht war etwas anders, wie sie da auf dem Papier stand. Sie schien sich irgendwie von den anderen abzuheben. Ich fühlte mich davon angezogen. Also bat ich meine Assistentin, zurückzurufen und zu sagen, dass ich mich gern mit der Autorin der Anfrage treffen würde.

An diesem Punkt bekam ich etwas Gegendruck von meiner Assistentin, die wusste, dass ich schon viel zu viele Termine hatte und versuchte, mir Freiraum zu verschaffen und mich nicht noch mehr zu verplanen. Sie sagte etwas wie: „Nein ... Das können Sie nicht machen. Jemand anders soll mit ihr reden. Sie müssen das Projekt XY fertig machen und haben nicht mehr viel Zeit." Oder irgendeine ähnliche Assistentinnen-Ermahnung, die jede gute Assistentin parat hat, wenn ihr Chef mehr in seinen Terminplan einträgt, als er sollte. Aber diese Nachricht war anders ... ich fühlte es. Also gab ich Kontra: „Nein, ich will wissen, worum es geht. Machen Sie einen Termin aus." Und das tat sie.

Helen kam in mein Büro, stellte sich vor und wir setzten uns zum Gespräch hin. Ich war sofort beeindruckt von ihrem Temperament und ihrer Ausstrahlung. Sie wirkte „echt".

„Was kann ich für Sie tun?", fragte ich.

„Sie haben in Ihrer Sendung gesagt, dass Sie gern mit ‚Nichtchristen' über Gott reden. Stimmt das?"

„Das ist richtig. Gehören Sie dazu?", wollte ich wissen.

„Ja."

„Worüber möchten Sie gerne reden?", erkundigte ich mich.

„Erinnern Sie sich daran, als Sie diesem Typ in seinem Auto gesagt haben, dass er Gott einfach nur fragen müsste, wenn er herausfinden wolle, ob es ihn gibt und wer er ist?"

„Ja, ich erinnere mich daran. Das war ein ganz besonderer Anruf."

„Ich habe das auch getan", sagte sie. „Und jetzt habe ich ein Problem."

„Sie haben es getan? Was ist passiert? Erzählen Sie."

„Ich war gerade von einem Arzttermin gekommen, bei dem ich eine sehr schlechte Diagnose erhielt ... Krebs. Ich war am Boden zerstört und hatte Angst, große Angst. Ich hatte mich noch nie so gefühlt. Also tat ich das, was Sie gesagt hatten. Ich betete einfach. Ich sagte: ‚Wenn da draußen irgendwer ist ... hilf mir. Wer du auch bist, wenn es einen Gott gibt, bitte hilf mir.'"

„Was passierte dann?", fragte ich.

„Als ich das getan hatte ... das klingt jetzt verrückt ... also, Jesus kam zu mir", sagte sie.

„Er *kam*?", fragte ich.

„Ja", sagte sie, „er kam."

„Wie?"

„Es ist schwer zu beschreiben, aber es war, als ob ich in einer warmen ... friedvollen ... liebevollen ... Luftblase war. Ich war ganz darin eingehüllt und *er war da*. Und ich wusste, dass es Jesus war. Da gibt es für mich keinen Zweifel. Er war einfach eine Weile so ganz nah, und er sagte, dass alles wieder in Ordnung kommt. Ich habe noch nie zuvor eine so friedvolle, liebevolle Atmosphäre und Gegenwart empfunden. Ich kann es gar nicht beschreiben. Und dann verließ er mich nach einer Weile. Das war's."

> *Ich habe noch nie zuvor eine so friedvolle, liebevolle Atmosphäre und Gegenwart empfunden.*

Ich war verblüfft, bewegt, gefesselt und zugleich überwältigt von der Echtheit, mit der sie ihre Geschichte erzählte. Da gab es keine Dramatik, nur einen ganz aufrichtigen Bericht einer erstaunlichen Begegnung. Ich wusste, dass es echt war. Sie war nicht psychotisch, wahnhaft oder manisch. Ich bin Psychologe und wusste, ich sprach mit einer sehr vernünftigen Wirtschaftsprüferin – logisch und voll da. Alles, was ich herausbrachte war: „Wow." Aber ihre Geschichte ließ mich mit einer Frage zurück.

„Das ist fantastisch ... aber wo liegt Ihr Problem?" Ich dachte wirklich, dass jemand, der mir erzählte, dass Jesus ihn besucht und gesagt hätte, dass alles in Ordnung kommt, damit kein Problem hätte. Ich wünschte mir, er würde ab und an zu mir kommen und so etwas sagen! Was war bloß ihr Problem?

„Ich hatte Gott gebeten, dass er mir hilft. Das ist mein Problem."

„Ja", sagte ich und wusste immer noch nicht, wo das Problem lag.

„Ich fragte nach Gott ... und wer sich zeigte, war *Jesus*."

„Ja ... das ist schon der, der sich zeigt, wenn Sie nach Gott fragen", sagte ich.

„Aber ich bin Jüdin."

Jetzt begriff ich. Jetzt verstand ich, warum sie ein „Problem" hatte.

„Wenn Sie einmal darüber nachdenken – die Bibel berichtet, dass es viele Juden gab, die davon überrascht waren, dass sich Jesus zeigte, als sie nach Gott fragten." Wir lachten herzlich, aber dann führten wir eines der denkwürdigsten geistlichen Gespräche, das ich je geführt habe.

Wir saßen lange zusammen, und wir gingen all die hebräischen Bibeltexte durch, die sie vor Jahren gelernt hatte. Wir sprachen über das Passah, das Lamm, die Opfer und woher die Juden wissen, dass der kommende Messias das Passahlamm sein würde und dass er Vergebung für alle unsere Fehler und Sünden bringen würde. Und dass Jesus derjenige war, der alle diese Prophezeiungen erfüllte und den Gott auferweckt hatte und so darin bestätigt, dass er Gott war. Sie kam an den Punkt, an dem sie erkannte, dass das, was und der, den sie erlebt hatte, *genau der war, von dem die Bibel sagt, dass sie ihn erleben sollte* – gerade als Jüdin. Es machte für sie Sinn, dass Jesus der Gott war, nach dem sie gerufen hatte.

Das liegt ein paar Jahre zurück, und wir sind seitdem in Verbindung geblieben. Kürzlich rief sie an und sagte, dass sie gerade an einem weiteren sehr schwierigen Punkt in ihrem Leben sei und sich weit weg von Gott fühlte. Im Blick auf ihre frühere Erfahrung konnte sie sogar über sich selbst lachen. Wir redeten darüber, wie sie sich fühlte und wie sich die Dichter der Psalmen teilweise genauso gefühlt hatten, dass Gott manchmal weit weg zu sein scheint und sich in Schweigen hüllt. Ich erzählte ihr, dass ich auch schon solche Zeiten kenne und dass die Bibel sogar von Zeiten berichtet, in denen wir Gott suchen und er nicht da zu sein scheint. Ich sagte ihr, wie wichtig es ist, einfach Zeit für sich und Gott zu finden und einfach miteinander zu reden. Sich jeden Tag hinzusetzen und Psalmen und andere Bibeltexte zu lesen. Mit ihm zu reden und ihm sein Herz auszuschütten. Und ich sagte ihr, dass Gott zu ihr reden würde, wenn sie das täte. Ich wusste nicht, wie er es tun würde, aber ich wusste, dass er es tun würde. Er verspricht es uns. Eine Woche später erhielt ich eine E-Mail:

> Ich höre, wie er zu mir spricht (leider nicht so offensichtlich wie beim letzten Mal). Danke, dass Sie mich darauf hingewiesen haben, dass mir das fehlte.

Was ich an dieser Bekannten so liebe, ist ihre Aufrichtigkeit bei ihrer Suche nach Gott. Das berührt mich. Und es berührt mich, zu wissen, dass wir einen Gott haben, dessen größtes „Geheimnis" überhaupt kein Geheimnis ist: „Wenn ihr mich sucht, werdet ihr mich finden." Das ist das *erste Geheimnis,* und es ist eins, auf das wir uns immer verlassen können. Ich kann mich nicht nur für mich selbst darauf verlassen, sondern ich kann ganz zuversichtlich anderen sagen, dass Gott sich ihnen zeigen wird, wenn sie ihn suchen.

Wie lautet Ihre „Gottesgeschichte"?

Eines meiner „Hobbys" ist es, Menschen zu bitten, mir ihre „Gottesgeschichte" zu erzählen. Jeder hat eine andere Geschichte mit Gott, und diese Geschichten zeigen, wie Gott uns dort begegnet, wo wir sind, und gerade so, wie wir es brauchen.

Meine Gottesgeschichte begann, als ich ihn bat, mir zu helfen, und er mir einen Kommilitonen schickte, der mich aus heiterem Himmel anrief und zu einer Gruppe einlud. Helens Gottesgeschichte beinhaltete eine in der Tat wunderbare Begegnung. Ich habe viele Menschen kennengelernt, die ähnliche Erfahrungen mit Gott gemacht haben, aber Geschichten wie diese überraschen mich immer wieder. Aber ich kenne noch viel mehr Leute, die Gott auf ganz banalen Wegen begegnet sind. Wege, die zu ihrer Seele genauso sprachen, wie es Gottes erstaunlich deutlich wahrnehmbare Gegenwart bei Helen tat. Es kann ein Anruf sein, eine Radiosendung, ein Buch, das die Antwort auf ein Gebet ist. Oder vielleicht ist es ein Freund, der über Gott redet, genau in dem Augenblick, in dem jemand mehr über Gott nachdachte. Oder es sind Worte eines Fremden, die genau das sind, was dieser Mensch braucht. Diese Liste könnte man endlos fortsetzen. Die Antworten kamen, nachdem sie gebetet hatten, und sie kamen zur rechten Zeit.

Viele Menschen begegnen Gott auf ganz banalen Wegen. Aber es sind Wege, die zu ihrer Seele sprechen.

Aber die Quintessenz ist: Gott zeigt sich, wenn Sie ihn suchen. Das ist das erste Geheimnis. Die gute Nachricht lautet: Er ist bereits auf der Suche – nach Ihnen.

Bleiben Sie dran

Wenn Sie Gott nicht kennen, suchen Sie ihn einfach. Immer, wenn wir uns auf die Suche nach ihm begeben, antworten wir auf etwas, das er in uns angerührt hat. Reagieren Sie auf diese leise innere Stimme, die überraschenden Gedanken und „seltsamen", ganz untypischen Einfälle. Reden Sie mit ihm; sagen Sie ihm, dass Sie ihn suchen. Reden Sie mit jemandem, der Ihnen dabei helfen kann.

Wenn Sie ihn kennen und ihn gerade nicht finden können, bedenken Sie: Das ist ganz normal. Auch wenn Sie sich fühlen, als ob Sie allein die „Wüste" erleben, und wenn Gott ganz weit weg zu sein scheint, halten Sie daran fest, dass er in Wirklichkeit immer nahe ist. Entweder gibt es einen Grund, warum er in diesem Moment nichts tut, oder er tut etwas, und Sie können es nicht sehen. Das erscheint beunruhigend. Aber es ist ein ganz normaler Teil des geistlichen Lebens. Die Psalmen sind voll davon: Worte von Menschen, die genau das erlebt haben:

> Herr, antworte mir doch jetzt,
> denn ich bin völlig am Ende!
> Lass mich nicht allein,
> sonst lebe ich nicht mehr lange![1]

Es ist in Ordnung und normal, Zeiten wie diese zu erleben, aber die Antwort ist immer dieselbe. Es ist dasselbe „Geheimnis": *Suche*. Auch wenn er nicht da zu sein scheint, können wir darauf vertrauen, dass er uns nicht im Stich lässt. Halten Sie sich an das, was der Psalmbeter sagt:

> Herr, wer dich kennenlernt, der wird dir gern vertrauen.
> Wer sich auf dich verlässt, der ist nie verlassen.[2]

Egal, ob Sie Gott noch nicht kennen oder schon eine Verbindung zu ihm besteht und Sie ihn besser kennenlernen wollen, sehen Sie sich den folgenden Vers an: Gott *möchte*, dass Sie ihn suchen. Und wenn Sie es tun, verspricht er, dass er Ihre Suche belohnen wird.

> Gott hat ... an den Menschen Gefallen,
> die ihm fest vertrauen.
> Ohne Glauben ist das unmöglich.
> Wer nämlich zu Gott kommen will,
> muss darauf vertrauen, dass es ihn gibt
> und dass er alle belohnen wird, die ihn suchen.[3]

Sie müssen nicht den größten Glauben oder das größte Vertrauen der Welt haben. Es reicht, wenn Sie glauben, dass es ausreicht zu suchen, und er wird zu Ihnen kommen. Sucht, und ihr werdet finden.[4]

Dieses Geheimnis in Ihr Leben umzusetzen heißt, dass Sie zuerst in Ihrem Herzen einen Schritt tun. Suchen Sie sich ein ruhiges Plätzchen und sagen Sie Gott, dass Sie ihn suchen. Schütten Sie ihm Ihr Herz aus. Bitten Sie Jesus, Ihnen zu begegnen. Bitten Sie ihn, dass er sich in Ihrem Leben zeigt.

Immer, wenn wir uns auf die Suche nach Gott begeben, antworten wir auf etwas, was er in uns angerührt hat.

Zweitens können Sie *das auch mit jemandem zusammen tun, der Gott gut kennt*. Treffen Sie sich mit diesem Menschen und beten sie zusammen. Wenn Sie so etwas noch nie getan haben, mag es Ihnen komisch vorkommen. Aber Sie werden herausfinden, dass es eine der wunderbarsten spirituellen Erfahrungen ist, die man machen kann. Fragen Sie diesen Menschen, wie er Gott gefunden hat und was Gott in seinem Leben verändert hat.

Drittens: Suchen Sie ihn, indem Sie die Bibel lesen. Sie ist sein Liebesbrief an Sie. Vergessen Sie Ihre Vorurteile und legen Sie los. Wenn Sie noch nie in der Bibel gelesen haben, beginnen Sie mit den Psalmen und dem Johannes-Evangelium. Sprechen Sie mit Gott über das, was Sie lesen, bleiben Sie einfach sitzen und lauschen Sie auf das, was er Ihnen sagt.

Als Nächstes suchen Sie bei ihm die Antworten, die Sie in Ihrem Leben brauchen. Beziehungen, Finanzen, Probleme, Orientierung für Ihr Leben, Kindererziehung ... oder wo Sie sonst Hilfe benötigen.

Sucht, und ihr werdet finden.

Öffnen Sie sich dafür, die Schätze und Gaben
zu empfangen, die Gott für Sie bereithält.
Das bedeutet: Vertrauen Sie darauf, dass er Sie liebt und
dass ihm an Ihnen liegt. Wagen Sie es, verletzbar zu sein –
vor Gott und auch vor einigen ausgewählten
vertrauenswürdigen Menschen. Oft bedeutet es,
auf das zu vertrauen, was man nicht sieht. Es bedeutet,
dass Sie vor allem auf Gottes Charakter schauen –
auf seine Güte und seine Liebe –, und erst in zweiter Linie
auf das, was Sie sich von ihm wünschen.
Gottes Segen erwartet Sie. Sie haben den Schlüssel dazu
in der Hand: Vertrauen.

Vertrauen ist der Schlüssel, der die Tür zu den Schätzen des Himmels öffnet

> Mit ganzem Herzen vertrau auf den Herrn,
> bau nicht auf eigene Klugheit;
> such ihn zu erkennen auf all deinen Wegen,
> dann ebnet er selbst deine Pfade.
>
> SPRÜCHE 3,5.6 (EÜ)

Der Akt des Vertrauens oder Glaubens ist der Weg, auf dem wir uns mit den Quellen verbinden, die uns geben, was wir brauchen. Vom Beginn unseres Lebens an vollzieht sich unser Wachstum in dem Maße, in dem wir vertrauen können und die Dinge erhalten, die wir brauchen. Je mehr wir vertrauen und je mehr wir in diese Quellen investieren, die uns mit dem versorgen, was wir brauchen, desto mehr werden wir von ihnen erhalten.

Das Geheimnis des Vertrauens ist der Schlüssel, der die Tür zu allen anderen Geheimnissen öffnet. Durch Vertrauen knüpfen wir eine Verbindung zu Gott, eine Verbindung, in der wir uns auf ihn verlassen und uns ihm überlassen. Denn das ist es, was Gott sich von uns wünscht: Er möchte, dass wir ihm vertrauen und uns mehr auf ihn verlassen als auf irgendetwas sonst. Es ist sogar so, dass es unmöglich ist, ohne Vertrauen oder Glauben eine Beziehung mit ihm zu haben oder etwas von ihm zu erhalten.[1] Vertrauen ist das Wesen des „Glaubens", und es macht Sie empfänglich für alles, was Sie von Gott brauchen.

Wenn Sie lernen, sich auf Gott zu verlassen, wird Ihr Leben weiter und besser werden, als Sie sich vorstellen können. Indem Sie lernen zu vertrauen, werden Sie Schritte im Glauben tun.

Und Sie werden Segen empfangen, den Sie ohne dieses Vertrauen nie erhalten hätten, und Sie werden Dinge schaffen, die Sie nie für möglich gehalten hätten. Auf diese Weise bekommt Ihr Leben einen weiten Horizont.

> *Sie werden Segen empfangen, den Sie ohne Vertrauen nie erhalten hätten.*

Rhonda Byrne sagt in *The Secret – Das Geheimnis*: „Wie es geschehen wird, *wie* das Universum das Gewünschte zu Ihnen bringen wird, ist nicht Ihre Sorge oder Aufgabe. Überlassen Sie es dem Universum, das für Sie zu tun."[2] Ich muss die Stärke dieser Überzeugung und die Bereitschaft, an etwas außerhalb von uns selbst zu glauben, bewundern, die ich in dieser Aussage finde. Als Christ richtet sich mein Glaube nicht auf ein unpersönliches Universum, sondern auf einen persönlichen Gott. Und wenn diese Bereitschaft zu glauben, dieses Vertrauen, auf Gott gerichtet wird, der uns wirklich helfen kann, dann wird sich unser Leben in der Tat verändern – es wird in einen immer wieder geweiteten Horizont gestellt.

Als ich meinen Glaubensweg begonnen habe, hatte ich keine Vorstellung davon, was es heißt, Gott zu vertrauen. Ich fand einen meiner ersten Hinweise auf einem Poster in einer Buchhandlung. Es war ein Bild eines fantastischen Sonnenuntergangs am Meer mit folgendem Zitat von Ralph Waldo Emerson:

> Alles, was ich sehe, lehrt mich, unserem Schöpfer
> im Blick auf alles, was ich nicht sehe, zu vertrauen.

Das half mir über die erste Hürde, einfach darauf zu vertrauen, dass Gott da war und dass er wusste, was er tat. Diese wunderbare Schönheit kam ja nicht aus dem Nichts. Jemand hatte sie geschaffen. Jemand, der viel größer und weiser war als ich. Also mutmaßte ich – wie es Emerson sagt –, dass er sich wohl um mich kümmern könnte, wenn er all das erschaffen konnte, was ich sah.

Ich hatte noch keine Ahnung, was das alles bedeutete. Aber mir fiel der Vers wieder ein, den ich an jenem Tag in meinem Wohnheimzimmer gelesen hatte: Wenn Gott sich schon um die Vögel am Himmel kümmert, kann er sich auch um mich kümmern. Das ist eine Wahrheit, die mich noch jetzt, viele Jahre später, zum Staunen bringt. Wenn ich mir vorstelle, dass ich sie fast übersehen hätte!

Das Geheimnis des Vertrauens erschließen

Wie erschließen wir nun das Geheimnis des Vertrauens? Die erste Antwort lautet: Wir tun einen ersten Schritt des Glaubens. Wie in der Nike-Werbung geht es einfach darum: Just do it. Tu's einfach.

Tun Sie einen ersten Schritt des Glaubens

Nach meiner ersten „Bekanntmachung" mit Gott an der Uni fing ich damit an, einfach zu vertrauen, dass er mich führen und mir zeigen würde, was ich mit meinem Leben anfangen sollte. Der eigentliche Grund, warum ich an die Universität gegangen war, hieß: Golf spielen. Mein Hauptfach war Rechnungs- und Finanzwesen. Ich hatte auch über ein Jura- und Betriebswirtschaftsstudium nachgedacht. Aber ich hatte keine richtigen Ziele und schon gar keinen Plan. Doch meine neuen Freunde, die mit dem Glauben schon mehr Erfahrung hatten, rieten mir, dass ich mit Gott über meine Zukunft sprechen und sie ihm „anvertrauen" sollte. Ich verstand zwar nicht genau, was damit gemeint war, aber ich fragte Gott trotzdem. Langsam, aber ganz offensichtlich, begann Gott mich von meinem sicheren

Rechnungs- und Finanzwesenstudium weg in den Bereich der Psychologie zu ziehen. Das würde für mich nach dem Studium die sichere Arbeitslosigkeit bedeuten, wenn ich nicht noch ein Aufbaustudium dranhängte. Obwohl ich bisher keine Psychologiekurse belegt und keinerlei Hintergrundwissen hatte, war Gottes Botschaft eindeutig. Es kostete mich eine Menge Vertrauen, aber ich tat den Schritt und wechselte mein Hauptfach.

> *Seit meinen ersten Glaubensschritten bin ich in meinem Leben reich beschenkt worden.*

Um das ganz deutlich zu sagen: Ich empfehle hier nicht, dass Sie sich auf Äste wagen, die weder erforscht noch bewährt sind, und sie dann selbst unter sich absägen. Ich habe *sehr viel* nachgeforscht und meine Eignung, Gaben und Fähigkeiten überprüft, bevor ich mich in dieses neue Feld wagte. Ich musste herausfinden, ob ich überhaupt geeignet war, und das tat ich mit großer Sorgfalt. Trotzdem war es ein Glaubenssprung ins Unbekannte.

Aber der Studienwechsel war nicht alles, was Gott für mich auf Lager hatte. Die richtige Ausbildungsstätte für das Aufbaustudium auszuwählen wurde eine weitere Glaubenslektion. Ich war bei einer angesehenen Uni in der Nähe von Dallas angenommen worden, wo ich damals lebte. Ich hatte sogar schon eine Stelle in einer Praxis organisiert, die mir anbot, Partner zu werden, wenn ich etwas Erfahrung hätte. Alles war so sicher … kein Risiko, keine finanziellen Probleme, keine Stellensuche. Es schien, als ob sich mein Studienwechsel wirklich gelohnt und mir Sicherheit gebracht hatte. Bis … ich einen Anruf von einem Seminar in Los Angeles erhielt, bei dem ich mich beworben hatte. Dieses Seminar hatte auch Theologie mit auf dem Lehrplan stehen. Ein Vertreter des Seminars würde nach Dallas kommen und wollte ein Gespräch mit mir führen. Nie im Leben würde ich nach Los Angeles ziehen! Ich kannte dort niemanden und überhaupt war es ein komischer Ort. Ich hatte doch in Dallas schon alles organisiert ... also niemals! Aber was ist schon ein Gespräch? Vielleicht war es doch ganz interessant, sich mit dem Typen zu treffen.

Aber als wir uns so unterhielten, passierte etwas. Ich hörte keine Stimme, aber ich hörte eine Richtungsanweisung. Es lag irgendwo zwischen einem Befehl und einer Erkenntnis. Ich wusste: Das kam nicht von mir. Im Grunde lautete die Botschaft: „Geh nach Kalifornien." Es war Gott, der mich aufrief, meine Sicherheit hinter mir zu lassen und einen Schritt ins Nichts zu tun und ihm einfach zu vertrauen. Daran gab es keinen Zweifel. Irgendwie erhielt ich in diesem Gespräch die Anweisung, nach Los Angeles zu gehen und mich dort zum Aufbaustudium anzumelden. Keine Freunde, keine Stelle, keine Zukunft, die ich irgendwie absehen konnte – einfach nur Gott. Also tat ich den ersten Schritt und ging. Und mein Leben ist seitdem immer weiter und besser geworden – alles durch diese ersten Glaubensschritte.

Einfach springen

Als unsere vierjährige Tochter schwimmen lernte, konnte ich alles Mögliche versuchen, um sie dazu zu bringen, von den sicheren Stufen in meine Arme zu springen und sich von mir auf die nächste Ebene ziehen zu lassen. „Nein, Papa, was ist, wenn ich untergehe?"

Ich wandte meine ganze Überredungskunst an: „Ich lasse dich nicht fallen. Du gehst nicht unter. Versprochen. Vertrau mir." Nach vielen, vielen Wiederholungen dieses Tanzes sprang sie schließlich doch, griff nach meinen Händen und begann zu strampeln. Aber erst da lernte sie die magische Schwerelosigkeit kennen: Erst vertraute sie mir und dann darauf, dass alles klappen würde.

Wie oft überredet Gott uns, diesen Schritt zu tun ... „Komm doch, ich bin da. Ich lasse dich nicht fallen. Ich verspreche es. Vertrau mir." Aber wir protestieren. Wir haben Angst. Wir fürchten, dass wir untergehen werden und er uns eben nicht auffängt. Und die ganze Zeit, nur kurz jenseits der Sicherheit, in der wir uns festklammern, hält er tiefe Freude, Staunen und das größere Leben für uns bereit.

> *Vertrauen führt uns über unseren momentanen Stand hinaus und bringt uns in Verbindung mit dem, was Gott für uns tun will.*

Wir wissen nicht immer, was gerade vor uns liegt oder was als Nächstes passieren wird. Aber wenn wir den Einen kennen, der es weiß, können wir ihm vertrauen, dass er sich darum kümmert, weil wir wissen, dass er uns liebt. Als ich noch mit der Entscheidung beschäftigt war, ob ich meine Zelte abbrechen und nach Kalifornien ziehen sollte – obwohl ich dort niemanden kannte und nicht wusste, was dort auf mich zukommen würde –, stieß ich auf eine Bibelstelle, die mir weiterhalf. Dort geht es um einen Mann, der vor mehreren Tausend Jahren lebte. Dieser Mann gehorchte Gottes Ruf und zog an einen Ort, den er nicht kannte:

> Sein fester Glaube brachte Abraham dazu,
> Gott zu gehorchen.
> Als Gott ihm befahl, in ein Land zu ziehen,
> das ihm erst viel später gehören sollte,
> verließ er, ohne zu zögern, seine Heimat.[3]

Ich entschied, wenn Abraham das konnte, dann konnte ich es auch. Als ich nach Kalifornien kam, fand ich heraus, dass Gott mich an eine Ausbildungsstätte geführt hatte, die genau die Bildung und die Entwicklungsmöglichkeiten bot, die ich brauchte, um die Karriere zu verfolgen, die er für mich geplant hatte. Er führte mich mit Menschen zusammen, deren Gemeinschaft genau das war, was ich brauchte, um der Mensch zu werden, der diese

Karriere meistern konnte. Dieselbe Gemeinschaft bot mir Heilung, sodass ich ein emotional gesunder Mensch wurde und die Beziehungen knüpfte, die ich mir in meinem Leben wünschte.

Er führte mich jeden neuen Schritt in meiner Arbeit und öffnete mir die Türen für jede neue Möglichkeit. Auf jedem Wegabschnitt gab er mir die Mittel und stellte mir die Menschen an die Seite, die ich brauchte, um diesen Abschnitt zu bewältigen. Er sorgte für jeden Schritt, aber jeder dieser Schritte forderte auch etwas von mir: Vertrauen. Ich musste losgehen. Und ich habe verstanden, warum er Vertrauen fordert: Vertrauen führt uns über unseren derzeitigen Stand hinaus und bringt uns mit dem in Verbindung, was er für uns tun will und was wir für ihn tun sollen.

Trauen Sie sich, verletzlich zu sein

Wenn wir nicht vertrauen, begrenzen wir uns auf unsere eigenen Mittel und Kräfte. Und wir wurden nicht dazu geschaffen, das Leben auf uns allein gestellt zu bewältigen. Wenn ein Baby geboren wird, hat es keine andere Wahl, als den Menschen zu vertrauen, die für es sorgen. Und durch den Prozess des Vertrauens erlebt das Baby Fürsorge, wird versorgt und gedeiht. Das Baby nimmt an Gewicht zu und wird beweglich; sein Gehirn und sein Körper entwickeln sich. Es bekommt alles, was es braucht, indem es denen gegenüber verletzlich ist, die es versorgen. Das Baby kann sich das, was es braucht, nicht selbst beschaffen. Aber indem es andere braucht und ihnen vertraut, gedeiht es. Bei uns Erwachsenen gilt das in gewisser Weise genauso.

Ein Mann erzählte mir einmal, dass er *niemandem* vertraut. Ich sagte ihm, dass das unmöglich sei. Aber wenn er sich dadurch besser fühle, zu glauben, er sei völlig isoliert und unabhängig, nur zu.

Dann fragte ich ihn: „Sind Sie heute mit dem Auto hierhergefahren? Wenn ja, haben Sie Hunderten von Menschen vertraut, die Ihnen entgegenkamen. Haben Sie heute schon etwas gegessen? Wenn ja, haben Sie all denen vertraut, die Ihr Essen zubereitet haben, dass sie Sie nicht mit Kolibakterien verseucht haben. Sind Sie schon einmal geflogen? Wenn Sie fliegen, vertrauen Sie darauf, dass der Pilot an diesem Tag keine Drogen genommen hat. Also erzählen Sie mir nicht, dass Sie niemandem vertrauen."

Sein wahres Problem lag darin, dass es ihm schwerfiel, darauf zu vertrauen, dass Gott da wäre, wenn er es wagte, den nächsten Wachstumsschritt zu tun. Aber als er zu verstehen begann, dass er tatsächlich jeden Tag in seinem Leben völlig fremden Menschen vertraute, konnte er auch kleine Vertrauensschritte in Richtung Gott tun. Zu welchem Schritt möchte Gott Sie verlocken, der Sie verletzlich macht?

Beginnen Sie mit dem, was Sie brauchen

In Bezug worauf müssen Sie lernen, Gott zu vertrauen? Ich vermute, wahrscheinlich im Blick auf so ziemlich alles. Aber ganz besonders im Blick auf die Dinge, die Sie sich nicht selbst geben können. Wenn Sie hier lernen zu vertrauen, wird Ihr Leben reicher und besser werden. Und Sie werden die Absichten erfüllen, die Gott für Sie hat. Beginnen Sie mit Bereichen, die erfordern, dass Sie Ihr Wohlergehen in seine Hände legen. Sehen Sie sich die folgende Liste an und prüfen Sie, welche dieser Erfahrungen Sie bereits gemacht haben. Haben Sie sie mit Gott gemacht? Oder haben Sie es allein versucht? Lassen Sie sich beim nächsten Mal bei Ihren Bedürfnissen von ihm helfen:

- Vertrauen Sie darauf, dass er da ist, wenn Sie den nächsten Schritt in Ihrer Karriere tun.
- Vertrauen Sie darauf, dass er Ihre Ehe rettet.

- Vertrauen Sie darauf, dass er Ihnen helfen kann, wieder lieben zu lernen.
- Vertrauen Sie darauf, dass er Ihnen dabei hilft, eine Fähigkeit zu erwerben, die Sie für etwas brauchen, das er von Ihnen will, oder die Sie brauchen, um Ihren Traum wahr werden zu lassen.
- Vertrauen Sie darauf, dass er Sie mit dem Geld versorgt, dass Sie brauchen, um zu tun, was er von Ihnen will.
- Vertrauen Sie ihm Ihre berufliche Situation an.
- Vertrauen Sie ihm Ihre Kinder an.
- Vertrauen Sie darauf, dass er Ihnen durch eine Krankheit hindurchhilft, wenn Sie eine schlechte Prognose erhalten haben.
- Vertrauen Sie darauf, dass er Ihnen hilft, eine Trennung durchzustehen.
- Vertrauen Sie ihm Ihre Zukunft an und hören Sie auf, sich Sorgen zu machen.
- Vertrauen Sie darauf, dass er Ihnen hilft, ein emotionales Problem oder eine Abhängigkeit zu überwinden, der Sie sich bisher nicht gestellt haben.
- Vertrauen Sie ihm, wenn Sie Hilfe suchen.
- Vertrauen Sie darauf, dass er Sie die Hilfe finden lässt, die Sie – egal, in welchem Bereich Ihres Lebens – benötigen.
- Vertrauen Sie darauf, dass er Ihnen hilft, eine Glaubensgemeinschaft oder eine Gemeinschaft guter Freunde zu finden.
- Vertrauen Sie ihm, wenn Sie auf Partnersuche gehen.

Es gibt kein Vertrauen, wenn wir keine Probleme haben. Tun Sie einen Schritt. Springen Sie einfach. Wagen Sie es, zu glauben. Gott wird Sie nicht enttäuschen.

Vertrauen Sie darauf, dass Gott es gut mit Ihnen meint – nicht auf ein bestimmtes Resultat

Wir haben jetzt über einige gute Resultate gesprochen, die auf Glaubensschritte und Vertrauen folgen. Wir haben gesehen, wie Dinge manchmal gut funktionieren – sehr gut sogar. Aber was ist mit den Zeiten, in denen es nicht so ist? Was ist dann? Bedeutet es, dass Gott Sie im Stich gelassen hat?

Die Bibel spricht sehr deutlich davon, dass wir Gott nicht deswegen vertrauen, weil wir erleben, dass sich damit alle Probleme unseres Lebens in Luft auflösen. Unser Vertrauen richtet sich nicht auf bestimmte Ergebnisse, die wir erzielen wollen. Unser Vertrauen gründet sich auf Gottes Liebe zu uns und auf seinen Charakter. Ja, die Bibel nennt Beispiele von Menschen, die große Glaubensschritte gewagt haben und doch Schreckliches erlebt haben. Ihre Belohnung würde später kommen, aber Gott freute sich an ihrem Glauben.

Es ist einfach, hoch oben auf dem Gipfel des Glücks an Gott zu glauben. Aber wenn wir im Tal stecken, wo es dunkel ist und wir uns allein fühlen, wird unser Glaube geprüft. Wenn wir einen geliebten Menschen oder unsere Arbeitsstelle verlieren, unsere Gesundheit oder eine Beziehung, das sind die Zeiten, in denen es uns schwerfällt, Gott zu vertrauen. Aber es sind auch die Zeiten, in denen wir ihn am nötigsten brauchen. Es sind die Zeiten, in denen wir wissen müssen, dass Gott bei uns ist, dass er uns liebt und dass er mit uns geht, egal wie schlimm es auch ist.

Wenn wir in diesen dunklen Zeiten an Gott festhalten, werden wir etwas entdecken. Wir werden herausfinden, dass er immer an unserer Seite ist, wenn wir durch leidvolle Erfahrungen gehen. Und wenn wir auf der anderen Seite des Tales ankommen, ist er immer noch bei uns. Und unser Glaube ist in dieser Zeit vertieft worden. Und wenn wir dann das nächste

Mal Schwierigkeiten begegnen, sind wir stärker, und unser Vertrauen in Gott ist sogar größer. Manchmal befreit er uns nicht von unseren Schwierigkeiten, sondern beschenkt uns mit seiner Gegenwart und der Hilfe und Nähe anderer Menschen.

Gott in den schweren Zeiten zu vertrauen, ist die tiefste Art des Vertrauens, die es gibt. Jesus hat es uns vorgelebt, als er dem Tod ins Auge sah und ausrief: „Mein Gott, mein Gott, warum hast du mich verlassen?"[4] Wir sehen es bei Hiob, der alles verloren hatte und sagte: „Gewiss wird Gott mich töten, dennoch vertraue ich auf ihn."[5] Menschen, die Gott schon lange kennen, können dahin gelangen, dass sie – egal, was passiert – dem vertrauen, der sie so sehr liebt, dass er für sie starb. Sie vertrauen ihm, weil sie seinen Charakter kennen. Weil sie wissen: Gott ist gut.

Gott in den schweren Zeiten zu vertrauen, ist die tiefste Art des Vertrauens, die es gibt.

Wenn wir diese Art von Glauben haben, wissen wir genug. Wir setzen unser Vertrauen auf seine Liebe zu uns, auf seinen Charakter: Gott ist Liebe. Auch wenn wir nicht alles verstehen.

Vertrauen Sie Gott, auch wenn Sie nicht alles verstehen

Kürzlich hatte ich ein wunderbares Erlebnis. Es begann mit einer zwanglosen Unterhaltung und endete damit, dass jemand eine Beziehung zu Gott begann. Ich sprach während einer Reise mit einer Hotelangestellten. Als sie herausfand, dass ich Bücher über Psychologie und geistliches Leben geschrieben habe, sagte sie: „Ich hatte gerade ein Erlebnis, das mich zum Nachdenken über diese Dinge gebracht hat."

„Möchten Sie es mir erzählen?"

„Ein Freund von mir starb – mitten aus dem Leben heraus. Er war ein wunderbarer Mann, ein großartiger Ehemann und

Vater, aber er hatte einen sehr schnell wachsenden Krebs und starb. Es war so schlimm, besonders, wenn ich an seine Familie dachte. Ich kannte ihn von der Arbeit. Seine Familie kannte ich nicht, trotzdem tat es mir so sehr leid für sie. Ich war am Boden zerstört. Als ich zur Beerdigung ging, war ich selbst untröstlich wegen dieser Tragödie. Aber dann war es ganz anders, als ich erwartet hatte."

„Und warum war das so?", fragte ich.

„Es war gar nicht so bedrückend. Es war mehr eine Feier. Es war so anders."

„Eine Feier?"

„Ja", fuhr sie fort. „Er und seine Familie glaubten an Gott und an den Himmel, und sie sprachen fast nur davon, wo er jetzt wäre und wie sie ihn alle wiedersehen würden. Sie waren natürlich traurig und so, sie vermissen ihn … aber andererseits war es für sie auch in Ordnung. Es war, als ob sie wirklich glaubten, dass sie ihn wiedersehen würden."

„Ich bin sicher, dass das so sein wird", sagte ich.

„Wie können Sie da so sicher sein?", fragte sie. „Glauben Sie das auch?"

„Ich weiß, dass das jetzt etwas merkwürdig klingt", sagte ich, „aber zum jetzigen Zeitpunkt meines Lebens würde ich nicht nur sagen, ich ‚glaube', sondern: Ich ‚weiß', dass sie ihn wiedersehen werden."

„Wie können Sie das wissen?", fragte sie.

„Weil Jesus gesagt hat, dass er jeden zu sich holt, der an ihn glaubt. Und ich weiß, dass Jesus heute lebendig ist, weil ich so viele Dinge gesehen habe, die er getan hat. Ich kenne ihn", sagte ich. „Wenn also jemand stirbt, können wir wissen, dass wir ihn wiedersehen, an einem sehr realen Ort, so wie hier. Und darum sagt die Bibel, dass glaubende Menschen ‚nicht trauern wie die Menschen, denen die Hoffnung auf das ewige Leben fehlt'.[6] Wir sind traurig, aber wir wissen, dass es noch nicht vorbei ist."

„Und daran haben Sie niemals Zweifel?", fragte sie.

„Doch. Früher hatte ich Zweifel", sagte ich, „aber jetzt zweifle ich nicht, dass Gott real ist. Ich habe einfach zu viel gesehen. Natürlich, es gibt vieles, was ich nicht verstehe, besonders, wenn schlimme Dinge passieren, wie der Tod Ihres Freundes. Aber ich weiß, dass Gott real ist, und ich vertraue ihm im Blick auf die Dinge, die ich nicht verstehe. Ich finde Trost darin, dass er sie versteht, auch wenn ich es nicht tue.

Ich möchte es mal mit meinen Töchtern vergleichen, sie sind fünf und sechs. Es passieren Dinge, die ich verstehe, aber sie nicht. Wenn sie mich danach fragen, erkläre ich es ihnen, aber sie verstehen es immer noch nicht. Sie sind noch nicht in der Lage, Dinge zu verstehen, die Erwachsenen völlig klar sind. Also nicken sie bloß, vergessen das Ganze und fragen: ‚Was gibt's zum Essen?' Irgendwie kommen sie damit klar, dass sie es nicht verstehen, wenn ich es nur verstehe. Genauso habe ich kein Problem damit, dass es Dinge an Gott gibt, die ich nicht verstehe. Oder warum er manche Dinge zulässt. Wenn ich Dinge verstehen kann, die meine Kinder nicht verstehen können, dann ist es für mich ganz klar, dass ein unendlicher Gott Dinge versteht, die ich nicht begreifen kann. Wie könnte ich überhaupt erwarten, einen unendlichen Gott zu begreifen? Wer will schon einen Gott, der auf einer Ebene mit uns steht? Er wäre ein sehr nutzloser Gott, wenn er nicht weiser wäre als ein Mensch."

> *Wenn wir uns mit der Quelle alles Guten verbinden, öffnen wir unser Leben für unvorstellbaren Segen.*

Wir sprachen dann noch weiter darüber, wie man mit diesem Gott in Verbindung kommen kann. Und sie tat es, gleich dort an Ort und Stelle, und begann eine Beziehung zu ihm. Es war eine sehr wertvolle Erfahrung. Und sie brachte mich zum Nachdenken über die Wahrheit und die Macht dieses Geheimnisses Gottes: Wenn wir uns mit der Quelle alles Guten verbinden – auch wenn wir sie nicht ganz verstehen –, öffnen wir unser Leben für unvorstellbaren Segen.

Ein Glaubensschritt ist kein Schritt in die Torheit

Ich zucke jedes Mal zusammen, wenn ich diese Geschichten höre, dass Eltern die Medikamente für ihr Kind absetzen und einen „Schritt des Glaubens" tun und darauf vertrauen, dass Gott ihr Kind heilt, und das Ganze dann einen katastrophalen Ausgang hat. Mir tun die Menschen leid, die völlig naiv alles, was sie haben, verlieren, weil sie einen törichten Vertrauensvorschuss gewähren und alles in einem verrückten Unternehmen aufs Spiel setzen. Es macht mich traurig, wenn Menschen schnell jemanden heiraten, den sie kaum kennen, und sagen, dass sie auf Gott vertrauen, dass er schon alles regeln wird. Vertrauen ist nicht das Gleiche wie Dummheit.

Der Teufel versuchte Jesus, indem er ihn dazu bringen wollte, von einer hohen Klippe zu springen und darauf zu vertrauen, dass Gott ihm schon seine Engel zur Rettung senden würde. Jesus erwiderte, dass wir Gott nicht auf die Probe stellen sollen.[7] Gott ist nicht für unsere idiotischen Entscheidungen verantwortlich, und er wird uns nicht aus der Klemme helfen, wenn wir sie treffen. Er hat uns unseren Verstand gegeben, damit wir ihn gebrauchen. Vertrauen bedeutet: Glaubensschritte tun, indem wir glauben, dass Gott das tun wird, was er gesagt hat, oder indem wir tun, was er uns ganz deutlich gezeigt hat. Wir können darauf vertrauen, dass er seine Versprechen hält. Aber wir können nicht voraussetzen, dass Gott alles unterschreibt, was wir wollen, und dann einfach blind losziehen. Verwechseln Sie nicht Torheit mit Glauben.

Brechen Sie auf in eine größere Dimension Ihres Lebens

Wo stehen Sie also in Ihrem Vertrauen auf Gott? Gibt es einen Bereich in Ihrem Leben, in dem Sie ihn brauchen, damit Sie dort vorankommen, eine neue Dimension in Ihrem Leben erreichen? Können Sie darauf vertrauen, dass Gott das tun wird? Hier sind ein paar Tipps, wie Sie das schaffen können.

Entdecken Sie, wer der ist, dem Sie vertrauen

Lesen Sie die Bibel und erfahren Sie mehr über den Charakter Gottes. Je mehr Sie über ihn wissen, desto leichter wird es Ihnen fallen, ihm zu vertrauen. Die Psalmen könnten Ihnen gefallen. Psalm für Psalm macht etwas deutlich von Gottes Wesen und von seiner Art zu handeln. Die Psalmen werden Sie daran erinnern, mit wem Sie es zu tun haben.

Und natürlich sollten Sie auch Jesus besser kennenlernen, denn er hat gesagt: Wenn wir ihn sehen, sehen wir zugleich Gott, den Vater.[8] Blättern Sie durch die Evangelien und entdecken Sie Jesus und seine Liebe, seine Fürsorge, sein Mitgefühl und seine Macht. Er ist der, dem Sie vertrauen. Beobachten Sie, wie er als der gute Hirte mit seinen Schafen umgeht, und denken Sie daran, dass Sie sich so geborgen fühlen dürfen wie eines dieser Schafe.

Entscheiden Sie, was sich ändern soll, und legen Sie konkrete Schritte fest

Sehen Sie sich die Bereiche in Ihrem Leben an, in denen Sie sich Veränderung wünschen. Dann fragen Sie sich, wie viel Vertrauen Sie aufbringen. Bitten Sie Gott, Ihnen zu helfen, klare Entscheidungen darüber zu treffen, was Sie ändern wollen. Und dann legen Sie Schritte des Vertrauens fest, die Sie gehen müssen, um diese Veränderung zu erreichen. Bedenken Sie: Glaube ohne Konsequenzen ist tot.[9] Wenn Sie keine Schritte tun, die Sie in irgendeiner Form verletzlich machen, dann wachsen Sie nicht über Ihre momentane Situation hinaus und Sie werden kein Wachstum im Glauben erleben. Was ist der erste Schritt, den Sie tun müssen? Ihr erster Schritt wird vielleicht kein Kinderspiel sein. Aber Gott ist immer da und fängt Sie auf, wenn Sie fallen. Er hat immer Ihr Bestes im Sinn. Legen Sie die Schritte des Vertrauens und des Glaubens fest, die Sie tun wollen – und gehen Sie sie.

Zeichnen Sie Ihre „Vertrauenslandkarte" neu, wenn es nötig ist

Prüfen Sie, ob es irgendetwas in Ihrer Vergangenheit gibt, das Ihre Fähigkeit zu vertrauen beeinträchtigt hat. Waren es Erfahrungen mit Menschen? Mit der Kirche? Hatten Sie ein traumatisches Erlebnis? All diese Dinge können unsere Fähigkeit zu vertrauen beeinflussen, und dann ähneln wir dem Mann, der behauptete, dass er niemandem vertraue. Wir können uns alle vorstellen, wie seine Vergangenheit wahrscheinlich aussieht. Finden Sie heraus, woher Sie Ihre „Vertrauenslandkarte" haben, und beginnen Sie den Weg Ihrer Zukunft neu zu schreiben. Wenn es nötig ist, suchen Sie sich Unterstützung durch professionelle Beratung.

Profitieren Sie von Glaubenserfahrungen anderer

Lesen Sie die Glaubensgeschichten anderer Menschen, und hören Sie, was sie berichten. Es hilft uns in unserem eigenen Glauben, wenn wir sehen, was andere erfahren haben und wie Gott in ihrem Leben gehandelt hat. Starten Sie eine Internetsuche nach den Berichten anderer Christen, oder versuchen Sie, auf anderen Wegen mehr herauszufinden. Sie werden erstaunt sein, was Gott tut – überall auf der Welt.

Vertrauen ist ein Muskel, der in dem Maße wachsen kann, wie Sie lernen, sich darauf zu verlassen, dass Gott das verwirklichen kann, was Sie nicht sehen können. Natürlich können Sie es jetzt noch nicht sehen! Es wird erst Realität, wenn Sie diesen Schritt tun, den Vertrauensschritt.

Vertrauen Sie Gottes Wesen und seinen Wegen

Bis jetzt haben sich unsere Erkenntnisse über die Geheimnisse Gottes auf Gott selbst und unsere Beziehung zu ihm konzentriert. Jetzt werden wir unseren Kurs etwas ändern. In den nächsten Abschnitten werden wir uns mit den Geheimnissen beschäftigen, die Gott uns gegeben hat, damit es uns gut geht.[10] Diese Geheimnisse beziehen sich auf die Lebensbereiche, die uns am wichtigsten sind: emotionales Wohlergehen, Beziehungen und ein Sinn für unser Leben. Wir werden entdecken, dass der, der das Leben erfunden hat, uns auch gesagt hat, wie dieses Leben am besten funktioniert und wie es gelingt.

Der letzte Abschnitt dieser Geschichte schließt den Kreis und bringt uns zurück zu einigen ganz und gar unreligiösen Geheimnissen Gottes, die Ihnen festen Boden unter den Füßen geben und Sie darauf vorbereiten, all die Geheimnisse in Ihr Leben umzusetzen, die Sie in diesem Buch entdeckt haben.

Machen wir uns also auf den Weg, uns ein paar Schätze zu erschließen.

𝒢ott hat uns mit der Fähigkeit und dem Wunsch
geschaffen, glücklich zu sein. Wir alle wünschen uns
diesen so schwer festzuhaltenden Zustand
emotionalen Wohlbefindens, der uns das Gefühl gibt,
dass in unserer Welt alles in Ordnung ist.
Und obwohl Glücklichsein nicht Gottes einzige
oder sogar höchste Priorität für uns ist, möchte er doch,
dass wir ein Gefühl des Wohlbefindens erleben –
er will, dass wir mit Freude, Frieden und Hoffnung
erfüllt sind. Wie bei so vielen anderen Dingen
in dieser Welt, gibt es auch in diesem Bereich Gesetze
und Prinzipien, nach denen „Glück" funktioniert,
Gesetzmäßigkeiten, die unser Glück lenken.
Auf den nächsten Seiten werden Sie
die spirituellen Gesetzmäßigkeiten kennenlernen,
die Ihr Leben verändern können.

Man kann nicht beziehungslos und gleichzeitig glücklich sein

Stürzt einer von ihnen, dann hilft der andere ihm
wieder auf die Beine. Doch wie schlecht steht es um den,
der alleine ist, wenn er hinfällt. Niemand ist da,
der ihm wieder aufhilft.

SPRÜCHE 4,10

Mark war ein erfolgreicher Unternehmer und ein echter Siegertyp – jemand, von dem man annimmt, dass er alles hat: Freunde, Geld wie Heu, eine wunderbare Familie und die Welt zu seinen Füßen.

Eine Veränderung auf dem Markt begann seinen Produktionsbetrieb zu belasten. Es war nichts, was nicht zu lösen war, und obwohl es anstrengend war, hätte es eigentlich keine langfristige Bedrohung sein dürfen. Einige Artikel erschienen im Wirtschaftsteil der Zeitungen, die von den Schwierigkeiten und der Zukunft der Firma berichteten. Ganz typisch in einer Rezession. Im Großen und Ganzen geschah nichts, was eine Führungskraft in seiner Position nicht hätte bewältigen können. Das ist schließlich ihre Aufgabe. Aber aus irgendeinem Grund begann die Sache ihm zuzusetzen. Die Tatsache, dass er in der Öffentlichkeit nicht mehr als erfolgreich gesehen wurde, dazu die Belastung und die finanziellen Folgen, das alles forderte seinen Tribut.

Langsam begann Mark sich zurückzuziehen. Er traf sich nicht mehr mit Freunden, spielte nicht mehr Golf, ging nicht mehr zum Gottesdienst oder abends mal aus dem Haus. Er blieb länger und länger im Büro, um die Sache zu „durchdenken".

So sagte er es seiner Frau. Was niemand bemerkte, war, dass er sich von den Menschen zurückzog, denen er am meisten bedeutete.

Schließlich verschwand er. Er kam eines Tages einfach nicht zur Arbeit. Am nächsten Tag auch nicht, und auch nicht am übernächsten. Er war unauffindbar. Schließlich – auf Betreiben seiner Mitarbeiter – fand man ihn doch, eingeschlossen in einem Hotelzimmer, wo er sich schon seit Wochen aufgehalten hatte. Seine Frau hatte angenommen, er wäre auf einer ausgedehnten Geschäftsreise. Die leitenden Mitarbeiter seiner Firma baten mich um Hilfe und brachten ihn in mein Büro – sie kamen mit, um sicherzugehen, dass er keinen Rückzieher machte. Was war passiert? Er war langsam in eine tiefe Depression verfallen und kam nicht wieder heraus. Der ganze Stress hatte ihn „fertiggemacht", wie er es ausdrückte.

„Wie sind Sie an diesen Punkt gelangt?", fragte ich.

„Ich weiß es nicht", sagte er. „Ich weiß es nicht. Das bin nicht ich, wirklich nicht. Ich bin ein sehr positiver Mensch. Aber diese Sache war einfach zu schwer, denke ich. Ich weiß nicht, was passiert ist."

„Mit wem haben Sie in dieser Zeit gesprochen?", fragte ich.

„Mit allen!", sagte er. „Den Banken, den Partnern, den Marktbeobachtern ... ich musste mit ihnen allen reden."

„Nein, nein, nein", sagte ich. „Ich meine, mit wem haben Sie darüber gesprochen, wie Sie sich fühlen und wie Sie damit umgehen? Bei wem haben Sie sich ausgesprochen und Dampf abgelassen?"

„Ausgesprochen worüber?"

„Wie deprimiert und besorgt Sie waren? Das hat Sie offensichtlich geschafft."

„Ich weiß nicht, was Sie meinen", sagte er. „Ich wollte niemanden damit belasten. Es war mein Problem ... ich brauchte nur alles zu verstehen und zu lösen. Ich dachte, ich könnte es.

Aber es wurde zu viel. Es machte mich fertig. Ich konnte es einfach nicht mehr ertragen. Ich wollte einfach nur noch weg."

„Wissen Sie was?", sagte ich. „Ich glaube nicht, dass es Ihre geschäftlichen Probleme waren, die Sie ‚fertiggemacht' haben, wie Sie es sagen. Sie sind klug genug, um das in den Griff zu bekommen. Ich glaube, etwas anderes hat Sie fertiggemacht."

„Was?"

„Was Sie fertiggemacht hat, war das ‚Weg-Wollen'. Sie haben nicht einfach eine Auszeit von der Arbeit und dem Stress genommen. Was ich meine, ist, dass Sie versucht haben, es allein zu schaffen, ohne die Unterstützung anderer Menschen.

> *Wir sind nicht dazu bestimmt, allein zu sein.*

Wir müssen herausfinden, warum Sie sich dafür entschieden haben, die Sache allein zu bewältigen – warum Sie sich entschieden haben, sich von den Menschen, die Sie am Nötigsten brauchten, zu entfernen, und das zu einer Zeit, in der Sie sie dringend brauchten."

„Ich habe keine Ahnung, wovon Sie reden ..." Seine Stimme wurde schwächer, und er sah durch mich hindurch. In diesem Moment wusste ich, warum er in seine schwierige Lage geraten war, und dass wir eine Menge Arbeit vor uns hatten.

Marks Zusammenbruch und der Verlust seines Geschäfts hatten nichts mit geschäftlichen Dingen zu tun. Seine geschäftlichen Probleme waren lösbar. Sein Zusammenbruch und der Bankrott kamen eigentlich daher, dass er eines der wichtigsten Geheimnisse Gottes nicht kannte: Wir sind nicht dazu bestimmt, allein zu sein.

Ihr Leben hängt davon ab

Ich beschreibe Ihnen ein Grundgesetz des Lebens: Damit Ihr Leben funktioniert, muss es entsprechend den Regeln gelebt werden, nach denen es konstruiert ist. Und es wurde so angelegt, dass es in enger Beziehung mit anderen gelebt wird. Nicht nur Ihr Glück, sondern Ihr Leben hängen von Ihrer Fähigkeit ab, sich mit anderen tief und wesentlich zu verbinden. Gott hat Sie so geschaffen, weil er selbst so ist. Hätte Mark nur dieses uralte Geheimnis gekannt (es steht im biblischen Buch des Predigers):

> Zwei haben es besser als einer allein, denn zusammen können sie mehr erreichen. ... Einer kann leicht überwältigt werden, doch zwei sind dem Angriff gewachsen. Man sagt ja auch: „Ein Seil aus drei Schnüren reißt nicht so schnell!"[1]

Gott hat nicht beabsichtigt, dass wir allein bleiben. Eines der Geheimnisse unseres Glaubens ist, dass Gott, der uns nach seinem Bild geschaffen hat, nicht isoliert ist. Er lebt nicht „nur für sich". Er lebt in Beziehung, und so war es schon immer. Der Vater, der Sohn und der Heilige Geist sind eins, aber sie existieren auch als einzelne Personen, die in Liebe miteinander verbunden sind. Haben Sie schon einmal bemerkt, wie alles Lebendige im Universum auf Beziehung angelegt ist? Felsen sind nicht lebendig und haben keine Beziehungen, aber Hundewelpen haben sie. Die Geschöpfe, in die Gott seinen Atem hineingab, stehen in Beziehungen zu anderen. Wir leben in einem beziehungsorientierten Universum. Um zu überleben und zu wachsen, müssen wir durch Beziehungen mit anderen verbunden sein.

Ein Begriff in der Bibel dafür ist das griechische *koinonia*. Es wird oft mit „Gemeinschaft" übersetzt, bedeutet aber viel mehr. Wenn Sie Mark gefragt hätten, ob er „Gemeinschaft" in seinem Leben hat, hätte er das wahrscheinlich bejaht. Er hatte „Freunde", zum Beispiel seine Geschäftspartner und Golfpartner. Aber das ist nicht das, was die Bibel mit diesem Wort meint. Es geht dabei um Beziehungen, die unter die Oberfläche gehen und uns im Herzen erreichen und dort eine Verbundenheit schaffen. Wenn wir diese Art der Gemeinschaft haben, sind unsere Herzen „in der Liebe Christi zusammengehalten"[2] und wir sind „eines Sinnes"[3], wie Paulus es ausdrückt. Das Wort *koinonia* bedeutet so viel wie „Anteil nehmen" und „Einheit", etwas, wodurch Ihr ganzes Leben mit anderen „zusammengehalten" ist. Es bedeutet, was auch immer Sie durchmachen, andere teilen diese Erfahrung mit Ihnen und helfen Ihnen, sie zu verarbeiten.

> *Wir leben in einem beziehungsorientierten Universum. Um zu überleben, müssen wir Beziehungen zu anderen haben.*

Stellen Sie sich vor, wie es gewesen wäre, wenn Mark das gehabt hätte, was König David an seinem Freund Jonathan hatte, als er die schrecklich belastende Zeit der Verfolgung durch Saul erlebte:

> Nach diesem Gespräch traf David Jonathan,
> den Sohn des Königs. Vom ersten Augenblick an
> liebte Jonathan David sehr, er liebte ihn mehr
> als sein eigenes Leben.[4]

Was wäre passiert? Mark wäre die Dinge ganz anders angegangen. Seine Gaben, sein Verstand, seine Kreativität und seine Energie hätten sich voll auf das Problem konzentriert und seine Firma wäre gerettet worden, genau wie das Reich König Davids gerettet wurde.

Die Forschung beweist es

Wir sind nicht dazu geschaffen, allein zu sein. Das ist nicht nur Theorie. Es ist ein Geheimnis, das Gott entworfen hat und das auch in der Forschung bestätigt wird. Es gibt mehr statistisches Material, das das bestätigt, als zu jedem anderen Thema in der Gesundheitspsychologie. Folgende Tatsachen sind wissenschaftlich erwiesen: Menschen, die in guten, intensiven Beziehungen mit anderen leben, weisen eine bessere Hirnentwicklung und ein besseres Immunsystem auf. Sie sind weniger anfällig für psychologische Probleme wie Depression, Angstzustände, Süchte und Ähnliches. Sie sind widerstandsfähiger gegen Krankheiten, haben weniger häufig Herzprobleme, Krebs, Schlaganfälle, Arthritis usw. usw. usw. Die Liste geht fast endlos weiter. Anders ausgedrückt: Je besser Ihre Beziehungen zu anderen sind, desto glücklicher und gesünder sind Sie.

Sie werden nur bis zu dem Grad glücklich sein, in dem Sie Ihr Leben für andere öffnen.

Warum? Weil Sie nach Gottes Bild geschaffen wurden, darauf angelegt, Ihr ganzes Leben in tiefen, liebevollen Beziehungen zu verbringen, „von der Wiege bis zur Bahre". Babys und alte Menschen sind nur dann gesund, wenn sie die Nähe anderer erleben. Sie sind dann nicht nur gesünder, sie können auch besser denken. Mit anderen verbunden zu sein, beeinflusst die Reaktionen auf Stress und das Niveau der Stresshormonausschüttung im Gehirn. Wenn jemand zu viele Stresshormone im Blut hat, wird das Denken beeinträchtigt. Mark hätte an diesem Punkt Hilfe gebrauchen können.

Eins meiner Lieblingsbeispiele über die positiven Auswirkungen von guten Beziehungsnetzen kommt aus der Forschung über den Kortisolausstoß von Affen, Ratten und anderen Tieren unter Stress. Kortisol ist nicht etwas, was Sie in großen Mengen in Ihrem Gehirn haben wollen. Es ist ein sehr starkes Stresshormon. Wenn man einen Affen in einen Käfig setzt und dort lauten, Angst einflößenden Geräuschen aussetzt (also starker Stress für den armen Affen), ist die Menge dieser Chemikalie im Körper des Affen – wie Sie es erwarten würden – sehr hoch. Aber passen Sie auf ... wenn man einen anderen Affen zu ihm in den Käfig setzte, *sank die Menge des Kortisols in seinem Gehirn*, obwohl die lauten Geräusche nicht aufhörten. Der äußere Stressor ist derselbe, aber das innere Stressniveau sinkt, einfach nur dadurch, dass ein Freund da ist.

Glauben Sie nicht, dass Sie nicht isoliert sind, nur weil Sie nicht als Einsiedler in einer Höhle leben. Sie werden nur bis zu dem Grad glücklich sein, in dem Sie Ihr Leben für andere öffnen. Sie müssen es lernen, sich ein paar Menschen gegenüber zu öffnen. Sie können sich zum Beispiel einer Selbsthilfegruppe anschließen, einem Hauskreis, wo man auch über persönliche Dinge sprechen kann, oder einer Gebetsgruppe. Sie können sich mit einigen engen Freunden zum Kaffee treffen, eine Gruppe gründen, in der Menschen ihr Leben gemeinsam aufarbeiten, oder sich mit einem Therapeuten treffen. Die Art des Ventils ist nicht wichtig. Die Frage ist: Lassen Sie andere nahe an sich herankommen? Lassen Sie andere in Ihr Leben, und Sie werden auf lange Sicht glücklicher sein. Es stimmt, was Barbara Streisand sang: „Menschen, die andere Menschen brauchen, sind die glücklichsten Menschen der Welt."[5]

Ihre Gedanken beeinflussen Ihre Gefühle

> Er fürchtet sich nicht vor schlechter Nachricht,
> denn sein Glaube ist stark – er vertraut dem Herrn.
>
> PSALM 112,7

Was immer in Ihrem Kopf passiert, wird seinen Weg nach außen finden – in Ihr Leben.

Ein Aspekt, der mir an Rhonda Byrnes Buch *The Secret – Das Geheimnis* gefallen hat, ist die Betonung, die das Buch auf die Macht unserer Gedanken legt. Ich schätze den Nachdruck, mit dem Rhonda Byrne die Auswirkung unserer Gedanken auf unser Leben und unsere Fähigkeit, unsere Gedanken zu kontrollieren, herausstellt. Ich bin zwar nicht der Meinung, dass wir alles durch unsere Gedanken anziehen können. Aber ich stimme insoweit zu: Unsere Gedanken sind für unser Wohlergehen und den Erfolg unseres Lebens ungemein wichtig. Deshalb redet auch die Bibel sehr viel davon.[6]

Viele Menschen fühlen sich nicht in der Lage, ihre Gedanken zu kontrollieren. Aber die Kontrolle über unsere Gedanken zu haben, ist eines der Geheimnisse, wie wir Kontrolle über unsere Gefühle bekommen können. Hier liegt das Geheimnis, wie *glücklich* wir sind. Der Apostel Paulus sagt: „Alles menschliche Denken nehmen wir gefangen und unterstellen es Christus."[7] Anders gesagt: Sie brauchen nicht diese ganzen Sachen, die nicht von Gott sind, in Ihrem Kopf herumschwirren zu lassen, diese Negativität schafft kein Leben. Alles, was Gutes in Ihnen zerstört, ist nicht von Gott. Lesen Sie einmal, wie die Bibelübersetzung *The Message* die Worte des Apostels Paulus umschreibt:

Wir nutzen unsere mächtigen Gotteswerkzeuge, um verzerrte Philosophien zu zerschlagen, um die Barrieren, die gegen die Wahrheit Gottes errichtet wurden, einzureißen, um jeden freien Gedanken und Impuls und jedes Gefühl in die Struktur eines von Christus geformten Lebens einzupassen.[8]

Ich liebe diese Formulierung: „um jeden freien *Gedanken* und *Impuls* und jedes *Gefühl* in die Struktur eines von Christus geformten Lebens einzupassen". Haben Sie ein paar Gedanken, Gefühle und Impulse, die frei in Ihrem Kopf herumlaufen? Wenn diese „verzerrten" Gedanken durch Ihren Kopf schießen, können sie Ihr Leben, Ihre Beziehungen und Ihr Schicksal kontrollieren. Sie können Sie depressiv, mutlos, hoffnungslos, abhängig oder ängstlich machen. Sie können Ihr Beziehungsleben zerstören und Ihre Fähigkeit, Ihre Ziele und Träume zu erreichen, beeinträchtigen. Es ist dringend notwendig, dass Sie die Kontrolle über das gewinnen, was in Ihrem Kopf los ist. Denn die Wahrheit lautet: *Was immer in Ihrem Kopf passiert, wird seinen Weg nach außen finden – in Ihr Leben.*

Untersuchungen beweisen es

Auch die Forschung bestätigt, welchen Einfluss Ihre Gedanken auf Ihr Leben haben. Dieselbe Forschung zeigt, dass negatives Denken Ihr Leben ebenfalls beeinflusst. So hat z. B. Martin Seligman festgestellt, dass es drei typische negative Wege gibt, in denen manche Menschen das, was in ihrem Leben passiert, interpretieren oder erklären.[9]

Der erste Weg ist der Weg der *persönlichen* Erklärung. Wer diesem Muster folgt, sieht in jedem Umstand, der schwierig oder enttäuschend ist, einen Beweis dafür, dass an ihm, an seiner Person, etwas verkehrt ist. Sagen wir einmal, Sie besuchen

Kunden und die kaufen Ihr Produkt nicht. Wenn Sie weggehen und denken: *Ich bin ein Idiot. Ich bin so ein Verlierer. Ich kann nichts verkaufen!*, dann haben Sie dieses Ereignis personalisiert, sodass es etwas Schlechtes über Sie aussagt, anstatt einfach festzustellen: *Die brauchen heute einfach nicht das, was ich verkaufe.*

> *Was immer in Ihrem Kopf passiert, wird seinen Weg nach außen finden – in Ihr Leben.*

Der zweite ist die *verallgemeinernde* Erklärung. Hier interpretieren Sie eine Schwierigkeit so, als ob sie überall in Ihrem Leben vorhanden ist. Anstatt dies auf das eine Verkaufsgespräch zu begrenzen, beginnen Sie zu denken: *Ich kann nicht nur nichts verkaufen, mein ganzes Leben ist eine Katastrophe. Nichts, was ich versuche, klappt. Ich vermassele einfach alles.* Dieses Gefühl von grundsätzlichem Versagen bereitet schon das nächste Scheitern vor und ist ein Fahrschein in die Depression.

Die dritte Negativinterpretationsweise besteht darin, aus einem Einzelfall die *dauerhafte* Qualität des Lebens abzuleiten. Diese Sichtweise kann alles hoffnungslos erscheinen lassen, und Sie fangen an, sich ohnmächtig zu fühlen. *Ich habe nicht nur jetzt diesen Verkauf nicht abgeschlossen, nein, so wird es immer sein. Niemand wird je etwas von mir kaufen.* Immer wenn wir denken, dass „diese eine negative Erfahrung" „für immer" bedeutet, haben wir ein Problem.

Sie müssen hier eine Wahl treffen. Sie können die Kontrolle übernehmen und Ihre Gedanken bewusst ausrichten. Oder Sie können sich von Ihren Gedanken kidnappen und alle möglichen verrückten Wege entlangführen lassen. Ich gebe Ihnen ein paar Gegenargumente, die Sie verwenden können, um „verzerrte Philosophien zu zerschlagen, um die Barrieren, die gegen die Wahrheit Gottes errichtet wurden, einzureißen".[10] Startklar? Es geht los.

Zerschlagen Sie das destruktive Denken

Wenn Sie in ein Schlagloch geraten – oder sogar in etwas Größeres wie einen Orkan –, haben Sie immer noch die Macht, Ihre Denkmuster zu kontrollieren und Ihre Gedanken „gefangen zu nehmen".[11] Sie können falsches Denken zurückweisen und sich an die Wahrheit erinnern:

1. „Ich bin kein Verlierer. Ich bin ein Kind Gottes, und er liebt mich und wird mir in jeder Hinsicht helfen." (Dieses Argument etwa bekämpft die *persönlichen* Fehlinterpretationen.)

    „Denn ich bin ganz sicher: Weder Tod noch Leben, weder Engel noch Dämonen, weder Gegenwärtiges noch Zukünftiges, noch irgendwelche Gewalten, weder Hohes noch Tiefes oder sonst irgendetwas können uns von der Liebe Gottes trennen, die er uns in Jesus Christus, unserem Herrn schenkt."[12]

2. „Was ich gerade erlebe, gilt nicht für alle Bereiche meines Lebens, denn Gott hat die letzte Kontrolle und wird aus allem, was passiert, etwas Gutes entstehen lassen." (Dieses Argument entkräftet die *verallgemeinernden* Fehlinterpretationen.)

    „Das eine aber wissen wir: Wer Gott liebt, dem dient alles, was geschieht, zum Guten. Dies gilt für alle, die Gott nach seinem Plan und Willen zum neuen Leben erwählt hat."[13]

3. „Meine Zukunft ist nicht düster, und mein Leben wird nicht immer schwierig sein. Gott wird mich nicht im Stich lassen. So etwas wie eine hoffnungslose Zukunft gibt es nicht, wenn man Gott einbezieht." (Dieses Argument bekämpft die *dauerhaften* Fehlinterpretationen.)

    „Denn Gott hat uns versprochen: Ich lasse dich nicht im Stich, nie wende ich mich von dir ab.[14]

Dann hast du eine gute Zukunft und deine Hoffnung wird nicht enttäuscht."[15]

Wenn Sie sich angewöhnen, negativen Gedanken mit diesen Argumenten zu begegnen, wird Ihnen das ganz sicher helfen, innerlich wieder ruhig und ausgeglichen zu werden. Die Forschung bestätigt das. Und das Schöne daran ist: Sie müssen nicht selbst dafür geradestehen, dass Ihre positiven Erwartungen auch erfüllt werden. Alle diese „Gegenargumente" weisen hin auf Gott als Kraftquelle. Sie müssen nichts weiter tun, als sich an diese Kraftquelle anzuschließen und Ihre Gedanken an der Wahrheit auszurichten.

Unsere Gedanken sind für unser Wohlergehen und den Erfolg unseres Lebens ungemein wichtig.

Keine Angst vor schlechten Nachrichten

Vor Kurzem erhielt ich schlechte Nachrichten im Zusammenhang mit einem Projekt, an dem ich mitbeteiligt bin. Einige Streitfragen mit den Partnern bei diesem Projekt ließen sich nicht klären, und die Situation war sehr entmutigend, nicht zuletzt finanziell. Es war auch etwas beängstigend, weil das Ganze doch erhebliche Auswirkungen haben würde. Ich fühlte diesen Schlag sofort emotional. Aber genauso schnell fiel mir der folgende Vers ein:

> „Er fürchtet sich nicht vor schlechter Nachricht, denn sein Glaube ist stark – er vertraut dem Herrn."[16]

Dass mir dieser Vers durch den Kopf ging, beeinflusste die Art und Weise, wie ich über diesen Vorfall dachte. Ich spürte, wie mein Herz sich beruhigte. Gottes Wahrheit übte ihre Macht über meine Gefühle und meine Gedanken aus. Und als ich dann noch einige Freunde anrief und sie bat, mir bei diesem Problem zu helfen, wurde ich viel ruhiger und gewann ein besseres Urteilsvermögen, weil ich nicht länger mit der Situation allein dastand. Ich glaube, das Kortisolniveau in meinem Gehirn ging messbar runter! Positives Denken ist keine Erfindung von Esoterik und New Age. Die Bibel kennt diese Methode schon seit Jahrtausenden.

Sie haben mehr Macht über Ihre emotionale Befindlichkeit, als Sie glauben. Untersuchungen des Psychiaters Aaron Beck[17] haben gezeigt, dass eine Reihe von emotionalen Problemen ganz deutlich mit negativem Denken verbunden ist. Dabei geht es in der Regel um drei Kernbereiche unserer Weltsicht: um unsere Sicht *der Welt*, unser Bild von *uns selbst* und unsere Erwartungen im Blick auf *unsere Zukunft*. Die Art und Weise, wie Sie diese Bereiche betrachten, hat einen großen Einfluss auf Ihr Glück.

Wie sehen Sie die Welt? Als einen Furcht einflößenden, gefährlichen Ort, an dem nur schlimme Dinge passieren? Erinnern Sie sich an Mark? Mark sah die Welt so. Als einen Ort, an dem man nicht geliebt wird, wenn man versagt. *Meine Freunde wollen davon nichts hören*, dachte er. Also isolierte er sich. Und das Ergebnis dieses Denkens war eine Katastrophe.

> *Sie haben mehr Macht über Ihre emotionale Befindlichkeit, als Sie glauben.*

Nur ein Beispiel: Ich habe Singles gesehen, die allein bleiben und nicht aktiv einen Partner suchen, weil sie die Welt in einer bestimmten Weise sehen. Sie denken: Da draußen gibt es keine Guten. Die Guten sind alle schon vergeben. Und so versuchen sie es gar nicht erst. Und zur selben Zeit haben Leute, die positiver denken, Verabredungen mit „den Guten", die ja angeblich alle weg sind! Das Gleiche passiert bei Arbeitsstellen, Kunden, Gemeinden und allem anderen, was „da draußen" ist. Wenn Sie die Welt als einen Ort sehen, den Gott für Sie geschaffen hat und der Gutes für Sie bereithält, dann werden Sie erfahren, dass er Ihnen alles geben wird, was Sie sich von Herzen wünschen.[18] Und das „tut dem Herzen wohl", weiß die Bibel außerdem.[19]

Aber wenn Sie denken, dass die Welt nur schlecht und korrupt ist und Ihnen keine Chancen bietet, dann werden Sie gar nicht erst nach draußen gehen, wie jener „Faulenzer", der im Buch der Sprüche beschrieben wird: „Faulenzer sagen: Es ist gefährlich da draußen! Tiger schleichen auf der Straße herum! Und dann ziehen sie sich die Decke wieder über den Kopf."[20]

Und das Ergebnis dieser Negativität ist, dass der Typ in diesem Vers nie sein Haus verlässt und niemals etwas Gutes findet.

Wie Sie über *sich selbst* und Ihre *Zukunft* denken, kann Sie ebenfalls negativ beeinflussen, sagt Beck. Wie wir es in der Untersuchung von Seligman gesehen haben, schließt eine negative Sicht auf diese Lebensbereiche Menschen in ein emotionales Gefängnis ein. Aber Sie haben die „Gehe nicht ins Gefängnis"-Karte! Sie haben die Möglichkeit, Ihre Gedanken zu lenken, an der Wahrheit zu orientieren, falsches Denken „gefangen zu nehmen" und Ihre Freiheit zu bewahren.

Drehen Sie einfach mal Ihren Kopf herum

Wie drehen Sie Ihren Kopf – und Ihr Leben – um? Sie beginnen damit, auf Ihre Gedanken zu achten – sie zu beaufsichtigen, sie zu filtern, ein Auge auf sie zu haben –, wie es Eltern bei ihren Kindern tun. Sie tun es, in dem Sie sich selbst beobachten, ob die Interpretationen, die Sie Ereignissen oder möglichen zukünftigen Ereignissen geben, diese „zur Katastrophe machen". Das sind die negativen Einreden, die die negativen Erfahrungen geradezu provozieren. Sie wissen, wovon ich rede! Etwas pas-

Geheimnisse des Glücks

siert, oder wir glauben, dass etwas passieren könnte, und wir denken: *Oh je! Das schaffe ich auf keinen Fall! Ich bin fürchterlich! Das ist schrecklich!* Oder: *Das ist der Weltuntergang, wenn das passiert. Das wäre schrecklich! Das könnte ich nicht ertragen!* Ein solches Denken führt zu Depressionen und/oder Angstzuständen.

In Wirklichkeit sind die Dinge, vor denen Sie sich fürchten, vielleicht hart oder schwierig, aber Ihre Welt wird *nicht* dadurch untergehen, Sie *können* damit umgehen und Sie *können* da durchkommen. Aber wenn Sie das, was Sie befürchten, als Katastrophen bewerten, dann werden daraus sich selbst erfüllende Prophezeiungen. Und das Resultat ist, dass Sie nicht gut genug funktionieren werden, um damit klarzukommen.

Nehmen Sie sich etwas Zeit, um herauszufinden, woher Ihre Ansichten über sich selbst oder die Welt oder die Zukunft kommen. Sie haben vielleicht gute Gründe, so zu denken, wie Sie es tun. Sie sehen sich vielleicht in einem schlechten Licht, weil ein paar Menschen, die in der Vergangenheit für Sie wichtig waren, das getan haben. Wenn Sie mit Kritik aufgewachsen sind, dann haben Sie so lange Kritik im Kopf, bis Sie sie hinauswerfen und durch die Meinungen von Menschen ersetzen, die es gut mit Ihnen meinen. Oder Sie sehen das Leben so, wie Sie es tun, weil Sie in der Vergangenheit ein schweres Trauma oder Missbrauch erlebt haben, und das beeinflusst Ihr Denken in sehr tiefen Schichten. Herauszufinden, *warum* Sie so denken, wie Sie es tun, ist ein wichtiger Schritt auf dem Weg, eigene Denkmuster zu verändern.

Wenn Sie Dinge, die Sie befürchten, als Katastrophen bewerten, dann werden daraus sich selbst erfüllende Prophezeiungen.

Hier ist eine Liste mit Möglichkeiten, Ihre Gedankenwelt zu verstehen und zu verändern:

- *Werden Sie achtsam* dafür und beobachten Sie sie. Werden Sie Herr über Ihre Gedanken.
- *Analysieren* Sie sie: Behalten Sie, was wahr ist, und verwerfen Sie, was falsch ist.
- *Ersetzen* Sie, was falsch ist, durch Gottes Wahrheit.
- *Leben* Sie die Wahrheit im Glauben, manchmal auch entgegen Ihren Gefühlen.
- *Finden* Sie die Wurzeln der Stimmen in Ihrem Inneren: Woher kommen sie? Zu wem gehören sie?
- *Trennen* Sie sich vom Einfluss und der Macht der Stimmen Ihrer Vergangenheit.
- *Öffnen* Sie sich Menschen, die Sie lieben und unterstützen.
- *Verinnerlichen* Sie diese neuen Ermutigungen und Bestätigungen, die von den positiven Menschen in Ihrem Leben kommen. (In der Bibel stehen einige großartige Dinge darüber, wie wir miteinander umgehen sollten.[21])
- *Lesen* Sie, was Gott über Ihr Leben denkt und sagt – in der Bibel oder anderen an der Wahrheit orientierten, ermutigenden Büchern.
- *Hören* Sie auf Leute, die Sie ermutigen – oft.
- *Lernen* Sie ermutigende Bibelverse auswendig, damit Sie sie jederzeit zur Verfügung haben.
- *Machen* Sie neue Erfahrungen, die die alten Botschaften in Ihrem Kopf als falsch erweisen.

Kennen Sie die Geschichte von Josua und Kaleb? Die beiden gehörten zu der Gruppe von Kundschaftern, die von Mose ausgesandt wurde, um das Heilige Land zu erkunden. Die zehn anderen kamen zurück und sagten: „Wir werden das Land nie erobern können. Die Feinde sind viel zu stark. Schlimme Dinge werden uns passieren. Wir werden es nie schaffen! Es lohnt sich nicht, es auch nur zu versuchen."

Aber Josua und Kaleb dachten anders. Sie erinnerten sich an

Gottes Versprechen und sagten: „Wenn Gott mit uns ist, dann schaffen wir es!"[22] Das Ergebnis war, dass das Verheißene Land für Israel zum neuen Lebensraum wurde.

Aber Seligman erinnert uns daran, *dass nicht alle es schafften*. Die Pessimisten, die negativ Denkenden, diejenigen, die sich von ihren negativen Gedanken steuern ließen, schafften es nicht in das Verheißene Land. Dieses Geheimnis erwies sich als wahr: *Ihr Denken wurde ihre Realität*. Und so ist es bei uns allen. Sie haben die Möglichkeit, Ihren Kopf herumzudrehen, die Blickrichtung zu ändern und Ihre Gedanken „gefangen zu nehmen", sie zu steuern, statt sich von ihnen steuern zu lassen. Ihre Zukunft könnte davon abhängen!

Sie sind so glücklich, wie Sie frei sind

> Christus hat uns befreit, damit wir ein freies Leben führen können. Also bezieh Stellung! Lasst euch von niemandem mehr das Zaumzeug der Sklaverei anlegen.
>
> GALATER 5,1 *The Message*

Sklaverei ist eine wichtige Metapher in der Bibel. Es fängt damit an, dass das Volk Israel in Ägypten versklavt ist. Es ist ausgerechnet diese Geschichte, die Gott anführt, um deutlich zu machen, worauf er mit seinem Gesetz und mit all seinen Absichten für uns hinauswill. Mose weist die Israeliten an, falls sie gefragt würden, was denn diese ganzen „Gottessachen" (seine Regeln und Gesetze) bedeuteten, einfach so zu antworten: „Früher mussten wir als Sklaven für den Pharao in Ägypten arbeiten. Aber der Herr hat uns mit starker Hand befreit."[23] Hätten Sie damals gelebt, hätten Sie keine weitere Erklärung mehr gebraucht. Denn jeder wusste: Aus Ägypten kam niemand ohne Hilfe heraus. Die Tatsache, dass sie es geschafft hatten, bewies, dass Gott ein starker Gott ist.

Wer keine Wahl hat, ist nicht frei

Sind Sie jemals Sklave in Ägypten gewesen? Wahrscheinlich nicht, wenn Sie dieses Buch lesen. Aber ich wette, dass Sie sich mit dem Gedanken identifizieren können, dass es irgendwo in Ihrem Leben Sklaverei gibt – und mit dem Bedürfnis nach Befreiung. Sklaverei liegt dort vor, wo Sie die Freiheit, wählen zu können, verlieren, egal ob es um Menschen oder Verhaltens-

muster geht. Hier sind einige Beispiele, wie Menschen ihren Freiheitsverlust beschrieben haben:
- „Wir möchten gern einige Feiertage bei uns zu Hause verbringen und nicht bei den Schwiegereltern. Ich glaube, dass unsere Kinder Erinnerungen nur an unsere Familie brauchen, aber wir fahren an allen Feiertagen zu meinen Schwiegereltern. Es ist undenkbar, dass wir sagen, wir kommen nicht."
- „Ich weiß, dass ich mich von ihm trennen muss, aber wenn ich es tue, werde ich richtig traurig und muss an die ganzen guten Zeiten denken. Obwohl er nicht gut für mich ist, und ich nicht glücklich darüber bin, wie es jetzt ist, vermisse ich ihn und liebe ihn sehr. Ich kehre nach jeder Trennung zu ihm zurück. Ich kann gar nicht nicht zurückgehen. Dann tue ich es, und es ist nicht gut."
- „Ich bin es leid, dass das Essen mich im Griff hat. Ich bin davon besessen, wenn ich eine Diät mache, und auch, wenn ich keine mache. Es besetzt ständig meine Gedanken und auch mein Verhalten. Ich komme davon nicht los."
- „Ich weiß nicht, warum ich immer noch versuche, mir die Anerkennung meines Vaters zu verdienen. Ich weiß, dass ich das nie schaffe, aber es ist wie ein Sog. Ich denke immer: Diesmal wird er stolz auf mich sein! Aber er ist es nie. Er findet immer einen Fehler oder sagt, wie ich es hätte besser machen können, und ich bin am Boden zerstört."
- „Mein Chef ist ein Sklaventreiber. Nie zeigt er Anerkennung für etwas, das ich getan habe, und ich arbeite härter als alle anderen hier. Er verlangt immer nur mehr, und je härter ich arbeite, desto mehr nutzt er mich aus. Ich fühle mich wie ein Sklave."

Immer, wenn wir eine Einschränkung oder einen Verlust unserer Freiheit erfahren, erleben wir bis zu einem gewissen Grad auch einen Verlust an Glück. Manchmal sogar in erheblichem Ausmaß. „Erlernte Hilflosigkeit" ist eine der klassischen und am besten erforschten Ursachen für Depression und Verzweiflung. Sie tritt auf, wenn Menschen das Gefühl haben, dass sie keine Wahlmöglichkeiten haben, die etwas verändern können. Wenn wir keine Wahl haben, haben wir keine Freiheit, und wir werden depressiv.

Hier ist ein weiteres Geheimnis Gottes (und die wissenschaftliche Forschung hat es bestätigt): Wir wurden dazu geschaffen, frei zu sein. Gott will nicht, dass Sie von irgendjemand oder von irgendetwas (einem Verhalten, einem Zwang ...) beherrscht werden.

Wir wurden dazu geschaffen, frei zu sein. Und das ist der einzige Weg, auf dem wir glücklich werden können.

„Wo der Geist des Herrn wirkt, da ist Freiheit."[24]

Er hat uns für die Freiheit erschaffen, und das ist der einzige Weg, auf dem wir wirklich glücklich sein werden. Wenn es einen Bereich in Ihrem Leben gibt, in dem Sie Ihre Freiheit verloren haben, sagt dieses Geheimnis: „*Holen Sie sie sich zurück.*" Und manchmal bedeutet es, die Initiative zu ergreifen, wenn Sie diese Freiheit bewahren wollen.

Es gibt Zeiten, da müssen Sie Nein sagen, wenn Sie das Gefühl haben, dass jemand oder etwas Sie beherrscht. Wenn Sie das nicht können, lesen Sie weiter, und Sie werden sehen, wie Sie es schaffen. Aber zuerst einmal beginnen wir mit einer Liste von Dingen, über die Sie vielleicht die Kontrolle verloren haben:

- ein Suchtmittel (Alkohol, Drogen, Nikotin)
- Essen
- Sex
- Erfolg
- Anerkennung durch einen anderen Menschen
- das Streben nach der Liebe eines anderen Menschen
- das Besessensein von einem Wunsch oder Ziel
- das Streben nach Macht

- Verhaltensmuster, durch die Sie zulassen, dass die Probleme oder Abhängigkeiten eines anderen Sie beherrschen
- Angst
- Schuld
- ...

Die Botschaft ist: Gott möchte, dass Sie frei sind. Und wenn die Bibel doch davon spricht, dass wir „beherrscht" sein sollen, redet sie davon, dass wir vom Geist Gottes beherrscht, von ihm regiert sein sollen,[25] von Selbstkontrolle – nicht „Kontrolle von außen". Paulus nennt im Galaterbrief die Selbstbeherrschung eine „Frucht des Geistes".[26] Gott möchte, dass Sie derjenige sind, der die Kontrolle über alles hat, was er Ihnen gegeben hat. Dies sind zum Beispiel einige Dinge, über die Sie die Kontrolle, die Verfügungsgewalt, haben:

- Zeit
- Kraft
- Geld
- Mittel
- Begabungen
- Verstand
- Glaube
- Werte
- Wünsche
- Liebe
- Körper
- Wahlmöglichkeiten
- Grenzen

Niemand außer Ihnen sollte bestimmen, wie Sie mit all diesen Dingen und Möglichkeiten in Ihrem Leben umgehen.

Gewinnen Sie Ihre Freiheit zurück

Ein Teil Ihres „Glücksmangels" mag mit einem Mangel an Freiheit zusammenhängen. Also zählen Sie zwei und zwei zusammen und beginnen Sie, am wirklichen Problem zu arbeiten. Wie?

SAGEN SIE STOPP *in Bereichen, über die Sie die Kontrolle haben*

Ihr erster Schritt heißt: Nein sagen! Und bevor Sie jetzt einwenden: „Das würde ich ja tun, wenn ich es könnte. Aber es geht nicht!" – hören Sie einen Moment zu. Mir ist bewusst, dass es Freiheitsverluste gibt, die Sie nicht kontrollieren können und die Sie völlig gefangen genommen haben. Das kann zum Beispiel eine Sucht sein. Dazu kommen wir noch. Aber es gibt auch *Unfreiheiten, die freiwillig sind*.

Sie haben die Möglichkeit, von diesen Bindungen freizukommen. Aber Sie weigern sich, weil *Sie das Objekt, an das Sie gebunden sind, mehr lieben, als Sie zugeben wollen*. Aber alles, was Sie beherrscht, zerstört Sie. Sie wissen genau, dass Sie langfristig gesehen davon loskommen müssen. Also tun Sie den Schritt. Wollen Sie ein altmodisches Wort dafür? Gehorsam. Gehorchen Sie den Impulsen, von denen Sie wissen, dass Sie richtig sind, und in Ihrem Leben werden gute Dinge passieren und die Zerstörung hört auf:

> *Ein Teil Ihres „Glücksmangels" mag mit einem Mangel an Freiheit zusammenhängen.*

> „Hört also gut zu [...] und tut, was der Herr euch sagt! Dann wird es euch gut gehen [...]."[27]

Sie können nicht ein Verhalten fortsetzen, von dem Sie wissen, dass es zerstörerisch ist, und erwarten, dass alles gut geht. Wenn Sie mit dem Feuer spielen, werden Sie sich verbrennen – ganz egal, wie positiv Ihr Denken ist. Also hören Sie damit auf. Und der beste Weg herauszufinden, ob Sie aufhören können, ist, es einfach zu tun. Was immer Sie tun müssen – *tun Sie es*.

Sie haben vielleicht gehört, wie andere sagten: „Ich habe einfach aufgehört. Kalter Entzug." Oder: „Ich habe festgestellt, dass er nicht gut für mich ist, und ihn verlassen." Oder: „Ich hatte die Nase voll, also habe ich gekündigt." Wenn ich meine fünfjährige Tochter frage, warum sie etwas gemacht hat, von dem sie weiß, dass sie es nicht tun soll, antwortet sie manchmal: „Einfach so. Weil ich es wollte!" Dann sage ich ihr: „Dann hör damit auf."

Wenn Sie Hilfe brauchen, GEBEN SIE ES ZU

Wenn Sie nicht „einfach aufhören" können, geben Sie es zu. Geben Sie zu, dass Sie die Situation allein nicht meistern können und dass Sie machtlos sind gegenüber der Person oder Sache, die Sie kontrolliert. Geben Sie zu, dass Sie nach was auch immer „süchtig" sind. Das bedeutet nicht, dass Sie „schlecht" sind. (Schauen Sie zum Thema Schuld in den Abschnitt „Geheimnisse über Gott.) Es bedeutet, dass Gott versteht, dass Sie Sklave in Ägypten sind und allein nicht freikommen. Er will Ihnen helfen. Also gestehen Sie Ihre Abhängigkeit, Ihre Unfreiheit ein. Hören Sie auf, sie zu erklären, zu bagatellisieren, zu entschuldigen, indem Sie denken, Sie werden irgendwann aufhören. Sie können es nicht – geben Sie es einfach zu. Sich von Abhängigkeiten zu befreien, ist nicht einfach. Daher müssen Sie noch zwei Dinge tun, nachdem Sie zugegeben haben, dass Sie es allein nicht schaffen.

1. *Bitten Sie Gott um Hilfe.* Nehmen Sie Verbindung zu Gott auf. Suchen Sie ihn, und er wird sich zeigen. Bitten Sie ihn um die Entschlossenheit, einen Fluchtweg zu finden, und die Kraft, ihn zu gehen. Sie haben diese Kraft nicht, aber er hat sie. Er verspricht, Ihnen diese Kraft zu schenken und einen Weg heraus aus der Situation, die Sie kontrolliert, zu zeigen:

> „Gott ist treu. Er wird die Prüfung nicht so stark werden lassen, dass ihr nicht mehr widerstehen könnt. Wenn ihr auf die Probe gestellt werdet, wird er euch eine Möglichkeit zeigen, trotzdem standzuhalten."[28]

2. *Bitten Sie andere um Hilfe*. Wir haben es bei Mark am Anfang des Kapitels gesehen: Gott hat uns so geschaffen, dass wir andere Menschen brauchen. Es reicht nicht, wenn Sie nur mit Gott in Verbindung treten. Sie müssen sich auch anderen öffnen, um Liebe zu erfahren und Kraft zu schöpfen. Paulus erwartet von den Christen, dass sie einander helfen, wenn jemand seine Freiheit verliert und in etwas gefangen ist, was sein Leben beschädigt.[29]

Sie wissen sicher, dass ein Alkoholiker erst dann von seiner Sucht frei wird, wenn er sich einer Selbsthilfegruppe anschließt. Es ist egal, wie oft er sich selbst oder anderen versprochen hat, dass er aufhört. Und es ist egal, ob es sich um Alkoholsucht, Beziehungssucht, Sexsucht oder was auch immer handelt. Wenn Sie sich an einem Punkt befinden, an dem Sie Hilfe brauchen, dann müssen Sie zu einer Selbsthilfegruppe gehen. Und zwar nicht nur einmal. Sie müssen solange hingehen, bis sie wirklich frei sind.

Finden Sie die Ursache heraus

Als Nächstes müssen Sie herausfinden, was Sie dazu bringt, Ihre Freiheit aufzugeben. Es steht immer ein Bedürfnis dahinter. Vielleicht versuchen Sie, einen *Handel* abzuschließen. Haben Sie geglaubt, Sie würden im Tausch gegen Ihre Freiheit etwas erhalten, was die Leere in Ihnen füllt? Welche Leere wollen Sie durch diese Person oder dieses Verhalten füllen?

Vielleicht möchten Sie auch etwas *unter den Teppich kehren*. Welche Verletzung wollen Sie durch dieses Verhalten verdecken? Welchen Schmerz behandeln Sie dadurch, dass Sie von „dieser Person" besessen sind? Manchmal müssen Sie mit einem guten Seelsorger, einem weisen Menschen oder einer Selbsthilfegruppe tief in Ihrer Seele suchen, um die Ursache zu finden, warum Sie Ihre Freiheit aufgegeben haben. Aber wenn Sie das tun, werden Sie die Lösung finden.

Wählen Sie das Leben

Füllen Sie Ihr Leben mit Dingen, die das Leben bereichern. Wenn Sie Liebe, Gesundheit und Leben wählen, brauchen Sie das, was Sie abhängig gemacht hat, nicht mehr. Suchen Sie gute Gemeinschaft, Menschen, die Sie wirklich unterstützen. Finden Sie heraus, was für Gaben Sie haben, und setzen Sie sie ein. Wenn Sie sich mit den guten Dingen beschäftigen, die nicht abhängig machen, sondern Erfüllung schenken, werden Sie erkennen, dass Sie frei sind von – was immer es auch war, was Sie versklavt hat.

Sich negativen Gefühlen zu stellen führt zu positiven Gefühlen

> Leid ist besser als Lachen,
> Trauer verändert den Menschen zum Guten.
>
> PREDIGER 7,3

Es ist paradox, doch manchmal muss es uns erst schlechter gehen, bevor es uns besser geht.

Meine erste Arbeitsstelle als Psychologe war ein Job als psychiatrische Hilfskraft in einem Krankenhaus für psychisch Kranke. Ich nahm mir ein Jahr Zeit zwischen meinem Collegeabschluss und dem Aufbaustudium, um herauszufinden, ob dieser Beruf wirklich meine Berufung war und ich ihn für den Rest meines Lebens ausüben wollte. Es war eine außerordentlich wertvolle Erfahrung. Aber ich muss zugeben, dass mich am Anfang etwas sehr überraschte.

Ich dachte, dass Psychologen und Psychiater eigentlich dafür sorgen sollten, dass sich die depressiven Menschen besser fühlten. Ich war der Auffassung, dass das in einer Klinik passieren sollte. Aber ich fand genau das Gegenteil vor. Es schien, *als ob die Therapeuten es darauf anlegten, dass die Menschen sich noch schlechter fühlten!* In den Gruppenstunden brachten sie die Teilnehmer dazu, über ihre Verletzungen, ihren Schmerz, ihren Verlust, das Scheidungstrauma, das sie gerade durchmachten, ihr Leiden an vergangenem Missbrauch und anderen Traumata, ihre **Verlassenheit**, ihren Ärger, ihre Bitterkeit und Ähnliches zu sprechen. Diese Gruppensitzungen waren keine Kuschelstunden. Sie waren genau das Gegenteil – es ging um viel Schmerz und Not.

Aber ich lernte etwas. Das Geheimnis, das der oben zitierte Vers aus dem Prediger Salomo verrät, ist zutreffend: Trauer verändert den Menschen zum Guten.

Es stimmt, dass es uns manchmal erst schlechter gehen muss, bevor es uns wieder besser geht. Wir müssen uns dem Schmerz stellen, den wir verdrängen, um eine Depression oder eine Sucht oder was auch immer zu überwinden. Nur zu warten, dass der Schmerz vergeht, reicht nicht. Eventuell ist eine kleine Operation nötig.

Die Wunde reinigen

Gerade gestern erzählte mir eine Anruferin, sie mache sich Sorgen, weil sie, wie sie sagte, noch immer unter ihrer Scheidung leidet. „Meine Scheidung ist anderthalb Jahre her, und ich bin immer noch in dieser Abwärtsspirale. Ich bin deprimiert und komme da nicht raus. Die Gefühle, die damit zusammenhängen, überwältigen mich immer wieder." Und dann der entscheidende Umstand: „Man sollte doch meinen, dass ich nach anderthalb Jahren darüber hinweg wäre."

Nicht unbedingt. Das alte Sprichwort „Zeit heilt alle Wunden" stimmt einfach nicht. Wenn Sie einen entzündeten Finger haben, ist Zeit das letzte, was Sie sich nehmen. Wenn Sie ihn nicht behandeln lassen, wird es schlimmer, und Sie bekommen Wundbrand und verlieren womöglich den ganzen Finger. Aber wenn Sie die Wunde öffnen, reinigen und etwas Salbe auftragen, wird er heilen.

Unser Herz, unser Gemüt und unsere Seele reagieren genauso. Wenn uns jemand verletzt hat – oder wir zugelassen haben, dass uns jemand verletzt –, dann müssen wir diese Wunde reinigen, bevor wir Erleichterung verspüren. Wenn wir sie öffnen, reinigen und etwas Salbe draufschmieren, wird es besser werden. Genau wie beim Reinigen einer Wunde schmerzt es erst, aber auf lange Sicht lohnt es sich. Der Satz Jesu: „Glücklich sind die Trauernden, denn sie werden Trost finden"[30] erweist sich auf vielerlei Weise als wahr. Wir müssen nicht mit Giftstoffen in unserem Inneren herumlaufen, sei es nun Gift für unseren Körper oder für unsere Emotionen. Wir müssen die Wunden reinigen. Wenn wir es nicht tun, infizieren sie unser ganzes Leben.

Alte Verletzungen zum Beispiel, wenn sie nicht verheilt sind, halten uns davon ab, in neuen Beziehungen zu vertrauen. Die Frau, die ich anfangs erwähnte, war nicht frei, eine neue Beziehung einzugehen, weil sie über die alte noch nicht hinweg war. Warum? Nicht genug Zeit? Eigentlich nicht. Anderthalb Jahre sollten eigentlich ausreichen, um wieder auf die Beine zu kommen. Das Problem war, dass sie sich nie diesem Schmerz gestellt und ihn überwunden hatte (das fand ich nach einigem Nachfragen heraus). Sie hatte sechsmal eine Selbsthilfegruppe für Menschen in Trennungssituationen besucht und dann entschieden, dass ihr die Gruppe nicht gefiel. Sie war zu einer Beratung gegangen, aber auch nicht lange. Sie erzählte mir immer wieder, dass sie einige Bücher gelesen hätte. Aber die hätten auch nicht geholfen.

Unverheilte seelische Verletzungen hindern uns daran, in neuen Beziehungen zu vertrauen.

Ich sagte, es sei gut, die Bücher zu lesen, *aber noch wichtiger sei es, auch zu tun, was darin gesagt würde.* Ich kannte die Bücher, von denen sie sprach. Und alle empfahlen, dass man mit Unterstützung von zuverlässigen, vertrauenswürdigen Menschen sich dem Schmerz stellen sollte. Wenn sie das täte, würde sie es schaffen, sagte ich ihr. Aber nicht, solange sie nichts täte.

Ich möchte Sie nicht entmutigen. Aber diese Botschaft gilt Ihnen ebenfalls. Nichts wird sich ändern, solange Sie nichts tun. Aber das ist eine gute Nachricht. Sie müssen sich von Ihrem

Schmerz nicht unterkriegen lassen. Sie müssen nur den richtigen Ort finden, sich ihm zu stellen. Suchen Sie einen zuverlässigen Freund, eine verschwiegene Freundin, eine Gruppe oder einen Therapeuten. Wenn es nicht anders geht, gründen Sie selbst eine Gruppe und suchen Sie sich Material, mit dem Sie arbeiten können. Wenn Sie es brauchen, suchen Sie sich einen guten, professionellen Seelsorger. Ein Gefühlstagebuch zu schreiben kann auch eine gute Lösung sein. Aber sorgen Sie dafür, dass Sie nicht allein mit Ihrem Problem kämpfen. Suchen Sie sich ein Netz von Menschen, die Sie unterstützen und stützen.

Bringen Sie den Müll raus

Es wäre schön, wenn unsere Verletzungen alles wären, womit wir uns in diesem Leben auseinandersetzen müssen. Wenn andere uns verletzen, sind wir wenigstens unschuldig. Nicht, dass der Schmerz angenehm wäre – aber die Schuld liegt wenigstens nicht bei uns. Aber das ist leider noch nicht der letzte Schritt auf unserer Suche nach dem Glück. Wir müssen nicht nur die Wunden reinigen. Wir müssen auch den Müll rausbringen.

Wir alle haben da ein paar lausige Sachen in unserm Leben, die nicht aus unseren Verletzungen, sondern aus unserer eigenen Finsternis bestehen. Jede religiöse, philosophische oder psychologische Auffassung vom Menschen muss sich mit folgender Tatsache auseinandersetzen: Menschen haben eine dunkle Seite. Wir können bis zum Jüngsten Tag darüber diskutieren, wo diese dunkle Seite herkommt. Aber wir können der Tatsache nicht entkommen, dass wir sie haben. Und jeder gute Psychologe wird Ihnen sagen, dass Sie nie glücklich sein werden, wenn Sie sich nicht damit auseinandersetzen.

Und an dieser Stelle überstrahlt Gottes Geheimnis jedes Gedankensystem im Universum. Gott sagt es ganz einfach, und sein Weg ist zugleich ungemein effektiv: „Gesteh es ein, lass dir vergeben – und dann geh weiter." Er will, dass wir unbelastet sind, damit wir unbelastete Beziehungen führen können, die nicht von den Fehlfunktionen beeinträchtigt werden, die unsere dunkle Seite verursacht.

> *Wir sollen unbelastete Beziehungen erleben, die nicht von unserer „Fehlfunktion" – unserer dunklen Seite – beeinträchtigt sind. Das ist eines der Geheimnisse Gottes.*

Niemand von uns hat wohl das Ziel, dass unsere Beziehungen und unser Leben von unseren dunkleren Gefühlen und Motiven bestimmt werden. Neid zum Beispiel ruiniert Freundschaften. Eifersucht zerstört Ehen und Familien. Gier und Begierde zerstören Leben, Beziehungen und die Chancen, jemals wahre Erfüllung zu finden. Sarkasmus vertreibt Menschen. Diese dunklere Seite im Menschen wird uns jeden Tag in etlichen TV-Kanälen zur Genüge präsentiert. Lassen Sie nicht zu, dass diese Dinge in Ihrem Leben Raum gewinnen. Ihr Herz ist ein Garten, und da muss regelmäßig Unkraut gejätet werden. Jesus sagt Folgendes zu diesem Geheimnis:

> „Es sind seine Gedanken, die den Menschen verunreinigen. Denn von innen, aus dem Herzen eines Menschen, kommen böse Gedanken wie Unzucht, Diebstahl, Mord, Ehebruch, Habgier, Bosheit, Hinterlist, Vergnügungssucht, Neid, Verleumdung, Stolz und Unvernunft. Alle diese üblen Dinge kommen von innen heraus; sie sind es, die den Menschen unrein machen."[31]

Jeder von uns hat solche Gedanken und Gefühle. Stimmt's? Aber es gibt einen Weg, uns davon zu befreien. Gestehen wir ein, dass wir solche Regungen in uns haben. Und sprechen wir möglichst mit einem Menschen unseres Vertrauens darüber. Lassen wir uns vergeben. So werden wir frei von dieser belastenden Seite. Der Apostel Johannes drückt es folgendermaßen aus:

„Wenn wir behaupten, sündlos zu sein, betrügen wir uns selbst. Dann ist kein Fünkchen Wahrheit in uns. Wenn wir aber unsere Sünden bekennen, dann erfüllt Gott seine Zusage treu und gerecht: Er wird unsere Sünden vergeben und uns von allem Bösen reinigen."[32]

Wenn wir diese lausigen Sachen aus der Finsternis ans Licht vor Gott bringen, werden wir „gereinigt". Sie müssen sich nicht schlecht fühlen! Wir haben alle solche Gefühle. Ihre zerstörerische Kraft entwickeln diese Regungen nur, wenn wir uns *nicht* mit ihnen auseinandersetzen. Wenn wir uns nicht mit ihnen auseinandersetzen, projizieren wir sie auf andere – wir verurteilen dann, wir fürchten andere, misstrauen ihnen, kontrollieren oder manipulieren sie, werden streitsüchtig oder leben unseren eigenen Schatten auf andere Weise aus.

Die lausigen Dinge, die wir in uns wachsen lassen, könnten schon im Keim erstickt und ausgerissen werden, wenn wir uns ihnen nur stellen und sie uns vergeben lassen würden. Einerseits wollen wir sie nicht ignorieren, andererseits wollen wir sie aber auch nicht ausleben. Stattdessen sollten wir sie anerkennen, sie aus dem Schatten ans Licht holen und uns so von ihnen befreien.

Alles, was wir nicht ans Licht bringen, alles, was wir in der Finsternis lassen, übernimmt am Ende die Kontrolle über uns. Das ist der Grund, warum Zwölf-Schritte-Programme so erfolgreich Menschen helfen, den Zwang zu überwinden, die dunkle Seite auszuleben. Sie setzen sich (in Schritt vier des Programms) mit

> *Unsere Schattenseite entfaltet ihre zerstörerische Kraft nur, wenn wir uns nicht mit ihr auseinandersetzen.*

diesen dunklen Dingen im Inneren auseinander. Die furchtlose moralische Bestandsaufnahme hilft, mit allem Dunklen aufzuräumen, und das Licht der Vergebung gewinnt Raum. Und Teilnehmer an Zwölf-Schritte-Gruppen machen diese Bestandsaufnahme regelmäßig. Eine gute Therapie – sagt die Wissenschaft. Und die Bibel.

Hier sind einige Tipps, die Ihnen helfen können, die Schattenseite zu entmachten:
1. Erlauben Sie sich, sich Ihrer dunkleren Gefühle und Motive bewusst zu sein und sie wahrzunehmen.
2. Erkennen Sie die Realität an, dass diese Dinge zerstörerisch wirken.
3. Stellen Sie sich zu Ihrer dunklen Realität, vor Gott und einem anderen Menschen. Nehmen Sie Vergebung in Anspruch. (Sie ist Ihnen ja zugesagt, lassen Sie sie für sich gelten.)
4. Bitten Sie Gott, Sie von diesen dunklen Regungen frei zu machen.
5. Wenden Sie sich entschlossen davon ab; lassen Sie weder Ihr Tun noch Ihr Denken davon bestimmen.

Vor Kurzem hielt ich einen Vortrag in einer Gemeinde, die ein breites Angebot an Selbsthilfegruppen hat. Nach meinem Vortrag tippte mir ein Mann auf die Schulter: „Erinnern Sie sich noch an mich?" Ich brauchte einen Augenblick, aber dann erkannte ich doch Mark. Erinnern Sie sich? Der Typ, der sich total zurückzog, als seine Firma den Bach runterging. Hier stand er nun vor mir, nach zehn langen Jahren. Er war kaum gealtert; er sah noch fast so aus wie damals, als er nach seinem Absturz in meinem Büro saß.

Wir begrüßten uns, und er erzählte mir seine Geschichte. Er hatte damals die Therapie abgebrochen. Er hatte seine Frau und seine Familie verloren. Schließlich war er kokainsüchtig geworden. Er sah zwar noch genauso aus wie damals. Aber er sagte, sein ganzes Leben habe sich verändert. Gott habe ihm einen völlig neuen Start geschenkt. Der Grund? Er hatte in einer Selbsthilfegruppe gelernt, seine Wunden zu reinigen und seinen Müll zu entsorgen. Mark hatte einige schwere Jahre hinter sich, aber jetzt traf er Entscheidungen, die ihn wieder auf den richtigen Weg brachten. Er fand einen neuen Sinn für sein Leben, neue Beziehungen und neues Glück.

Vergebung schenkt Freiheit

Kürzlich sprach ich mit einer Frau, die seit etlichen Jahren geschieden ist. Sie sollte längst auf dem Weg in ein neues und erfülltes Leben sein. Aber alles, worüber sie reden kann, ist, was ihr Ex ihr angetan hat. Man kann regelrecht spüren, dass sie davon gefangen ist. Sie kann es einfach nicht loslassen; sie steckt immer noch in dem „Ich kann nicht glauben, dass er das getan hat. Er sollte eigentlich ..." Oft höre ich dasselbe von Erwachsenen, die seit Jahrzehnten in emotionalen Problemen feststecken und immer noch ihren Eltern die Schuld daran geben.

Verstehen Sie mich nicht falsch: Es ist sehr wichtig, dass Sie über die Dinge reden, die Sie verletzt haben, um heil zu werden. Ich sage nicht, dass Sie es leugnen sollen. Arbeiten Sie den Schmerz auf. Empfangen Sie Heilung und Verständnis von den Menschen, die für Sie da sind. Aber es gibt einen Punkt, *an dem Sie von den Menschen beherrscht werden, die Sie verletzt haben, wenn Sie nicht loslassen und vergeben können. Solange Sie einem anderen grollen, hat dieser andere noch Macht über Ihr Leben.* Sie werden nicht von dem frei, was Ihnen angetan wurde. Sie denken vielleicht, dass Sie den anderen bestrafen, aber Sie strafen nur sich selbst. Der andere empfindet Ihren Schmerz nicht.

Wenn wir an Unversöhnlichkeit und Bitterkeit festhalten,

> *Wenn Sie verletzende und belastende Dinge nicht loslassen können, werden sie Ihre Seele vergiften.*

schleppen wir den alten Müll mit in neue Beziehungen und Situationen. Stellen Sie sich vor, Sie ziehen in ein neues Haus und bringen den Müll aus Ihrer alten Wohnung mit und laden ihn im Wohnzimmer ab. Keiner würde das machen. Aber in unseren Beziehungen und unserem Leben tun wir das jeden Tag. Entweder richtet sich eine alte Bitterkeit völlig unberechtigt gegen jemanden aus unserem gegenwärtigen Beziehungsumfeld. Oder eine alte Verletzung durch einen Menschen, mit dem wir jetzt noch viel zu tun haben, beeinflusst immer noch die Art und Weise, wie wir mit diesem Menschen umgehen. Das Ergebnis ist: Unsere Energie wird dafür verwendet, den Groll aufrechtzuerhalten, und steht uns nicht für ein neues, gutes Leben zur Verfügung. Der Groll wurde nicht losgelassen. Somit steht der Platz, den er einnimmt, nicht für etwas Besseres zur Verfügung. Und unsere Sicht der Dinge ist getrübt.

Warum sollte irgendjemand all diese schlechten Dinge, die irgendjemand anders über ein Leben hinweg getan hat, mit sich herumtragen? Vergeben Sie das Negative, Verletzende, und es wird seine Macht verlieren. Vergebung ist das Einzige, was Sie befreien wird.

Lassen Sie los. Das ist die beste Medizin. Die Bibel sagt: „Streitet nicht miteinander, und seid bereit, einander zu vergeben, selbst wenn ihr glaubt, im Recht zu sein. Denn auch Christus hat euch vergeben."[33]

Vergebung ist eine der wichtigsten Zutaten auf dem Weg dahin, ein glücklicher Mensch zu werden. Wenn Sie verletzende und belastende Dinge nicht loslassen können, werden sie Ihre Seele vergiften. Vergeben bedeutet einfach „die Schuld ausradieren". Wenn Sie vergeben haben, schuldet Ihnen der andere nicht mehr das, was sowieso nie zurückgezahlt werden kann. Also gibt es auch keinen Grund mehr, wütend zu sein. Es ist endlich vorbei.

Ich weiß, dass viele Menschen furchtbar missbraucht, verlassen, benutzt und verraten wurden ... *die jetzt ein wunderbares, erfülltes Leben haben. Weil ... sie den Menschen, die sie verletzt haben, vergeben haben.* Die Täter haben keinerlei Macht mehr über sie. Natürlich ist das ein Prozess, der Zeit erfordern kann. Ich kenne auch viele Menschen, die genauso verletzt wurden und die nicht vergeben haben und feststecken, auch noch Jahrzehnte später. Weil sie die Schuld nicht auslöschen und loslassen konnten oder wollten. Sie glauben, vergeben bedeute, dem anderen Macht über sich zu geben, ihn aus der Verantwortung zu entlassen. In Wahrheit ist die andere Person durch ihren Groll nicht verletzt; nur der Unversöhnliche leidet. Unversöhnlichkeit verletzt – aber nur den Menschen, der nicht vergibt.

> *Vergebung ist eine der wichtigsten Zutaten auf dem Weg dahin, ein glücklicher Mensch zu werden.*

Leiden kann gut sein, wenn es die richtige Art von Leiden ist

Dieses ganze „Aufarbeiten" unserer negativen Gefühle kann sehr schwer sein. Es ist nicht einfach, sich dem eigenen Schmerz, der eigenen Dunkelheit und der tief sitzenden Unversöhnlichkeit zu stellen. Es ist kein Spaziergang. Aber auch wenn es wehtut, sich den eigenen Verletzungen zu stellen – es schenkt auch Heilung. Und in diesem Sinne kann Leiden eine gute Sache sein.

Damit meine ich nicht, dass Leiden *an sich* gut ist. Schlechte Dinge passieren, die überhaupt nicht gut sind. Wenn Sie missbraucht wurden, ist das auf keinen Fall gut. Gott fühlt mit Ihnen in allem, was Ihnen zugefügt wurde. Wir sprechen hier über etwas anderes. Es geht darum, *sich den Dingen zu stellen, die schon in uns sind.*

Das Leiden, das heilt, ist nicht wie der ursprüngliche Schmerz. *Es ist eine andere Art von Leiden.* Wenn Sie etwas durchmachen und dabei verletzt werden, ist das unvermeidlich. Aber wenn Sie die richtige Art von Leiden durchleben – das zweite Leiden, das heilt –, dann stellen Sie sich Ihrem Schmerz und verarbeiten ihn. Das Ereignis, das Sie verletzt hat, ist das erste Leiden. Sich mit dem Schmerz, den dieses Ereignis verursacht hat, auseinanderzusetzen, ist das zweite Leiden. Und dieses Leiden heilt. Danach wird Ihr Leid ein Ende haben. Dieses bewusste Durchleiden ist die einzige Art von Leid, die Leiden beendet. Trauer, Anerkennung eigenen Versagens und Vergebung schmerzen wie ein Zahn, bevor er gezogen wird. Aber es ist wie bei einer Wurzelbehandlung: Bekämpfen Sie die Entzündung und den Schmerz, und Sie sind nach der Behandlung gesünder und stärker.

Jeder muss leiden, manche viel mehr als andere, wegen der schrecklichen Dinge, die passieren. Aber tragen Sie nicht Ihren Teil dazu bei, indem Sie das heilende Leiden vermeiden, denn es kann den Schmerz der Dinge, die Sie durchgemacht haben, beenden.

> *Leid ist nicht an sich gut. Aber es gibt ein Leiden, das heilt.*

Ein glückliches Leben hängt nicht von glücklichen Umständen ab

Ich habe gelernt, mit dem zufrieden zu sein, was ich habe.

PHILIPPER 4,10 (NL)

Ich kenne etliche erstaunliche Geschichten über Menschen, die trotz schwierigster Umstände glücklich waren. Ich finde sie in der Bibel. Da ist etwa der Apostel Paulus, der noch im Gefängnis Gott lobt und anderen Briefe über das Glück schreibt. Das ist sehr beeindruckend. Aber wenn Gott in unserem Leben real werden soll, dann hilft es, auch Beispiele für Gottes Gegenwart zu kennen, die uns näherstehen als Geschichten von Menschen vor ein paar Tausend Jahren. Und genau solche Beispiele gibt es. Als Psychotherapeut begleite ich Menschen durch die schwierigsten Zeiten in ihrem Leben. Und ich habe immer wieder gesehen, wie Gott den Menschen in ihren Tiefen begegnet ist. Gerade dann, wenn es schwer wird.

Es stimmt wirklich: Glück ist eine Folge dessen, was wir glauben und tun, nicht eine Folge dessen, was uns passiert. Wenn Sie das verstehen, können Sie ein glückliches Leben führen.

Leben auf festem Fundament

Die meisten Menschen glauben, dass sie glücklich sein werden, wenn bestimmte Dinge passieren: „Wenn ich nur diese Stelle bekommen würde oder diesen Menschen oder dieses Haus oder wenn diese Beziehung endlich funktioniert." Ihr Wohlbefinden hängt ab von Ereignissen, die ihnen zustoßen. Und wenn gute Dinge passieren, sind sie glücklich ... für den Moment. Aber da sie kein inneres Glück haben, verlieren sie dieses flüchtige Glück, sobald etwas schiefgeht. Es ist, als ob sie auf hoher See treiben – ohne Kompass, Anker oder Hafen in Sicht. Wenn die See ruhig ist und die Sonne scheint, haben sie einen guten Tag. Aber wenn nicht ... dann kann es übel werden.

Glück ist eine Folge dessen, was wir glauben und tun, nicht eine Folge dessen, was uns passiert.

Möchten Sie das Geheimnis kennenlernen, wie Sie ein gutes Leben haben können, das nicht vom Aktienmarkt, Ihrer verrückten Familie, Ihrem launischen Chef abhängig ist, oder davon, ob Sie nun diesen Umsatz machen oder nicht oder ob Sie die Beziehung finden, nach der Sie sich schon immer gesehnt haben? Lesen Sie, wie Jesus dieses Geheimnis beschreibt:

> „Wer meine Worte hört und danach handelt, der ist klug. Man kann ihn mit einem Mann vergleichen, der sein Haus auf felsigen Grund baut. Wenn ein Wolkenbruch niedergeht, das Hochwasser steigt und der Sturm am Haus rüttelt, wird es trotzdem nicht einstürzen, weil es auf Felsengrund gebaut ist. Wer sich meine Worte nur anhört, aber nicht danach lebt, der ist so unvernünftig wie einer, der sein Haus auf Sand baut. Denn wenn ein Wolkenbruch kommt, die Flut das Land überschwemmt und der Sturm um das Haus tobt, wird es mit großem Krachen einstürzen."[34]

Wenn wir in dem Fundament des Glaubens und in den Worten Jesu verankert sind *und so handeln*, wie er es hier sagt, dann können wir über allem stehen, was das Leben uns jeden Tag entgegenschleudert. Unser Glück hängt nicht davon ab, was uns passiert. Es hängt ab von dem, *an den* wir glauben, und davon, was wir tun.

Über den Dingen stehen – im wirklichen Leben

Dies ist keine unrealistische Hoffnung oder ein Verdrängen der Tatsache, dass es im Leben Dinge gibt, die verletzen. Als Psychologe würde ich Ihnen niemals raten, den Schmerz in Ihrem Leben zu verdrängen oder zu leugnen. Was ich sage ist, dass Sie Freude und Frieden erleben können, auch wenn nicht alles so läuft, wie Sie es gern hätten, wenn Sie Ihr Leben auf eine starke Beziehung zu Gott gründen und seine Geheimnisse anwenden. So leben Sie ein *echtes Leben* und ein *siegreiches Leben*, um eine altmodische Formulierung zu verwenden. Sie können einer dieser Menschen sein, die sich über ihre Umstände erheben, die „über den Dingen stehen". Hier sind ein paar Dinge, die Gott tun will, um Ihnen dabei zu helfen:

- *Er wird Ihnen Kraft geben,* wenn die Umstände Sie zu überfordern drohen. Sie können sich auf ihn verlassen und um diese Kraft von Augenblick zu Augenblick bitten.
- Er wird Ihnen in Ihren Krisenzeiten ein *Gefühl seiner Gegenwart* schenken. Sie werden spüren, dass er da ist.
- *Er wird Ihnen zeigen, dass er Größeres für Sie und Ihr Leben im Sinn hat,* als das, was Sie gerade durchmachen. Er zeigt Ihnen, dass Ihr Leben ein langes Buch ist und Sie bald das Kapitel, in dem Sie sich befinden, hinter sich haben werden.
- Er wird auch *aus den schlimmsten Dingen,* die passieren können, irgendwie *etwas Gutes hervorbringen*.
- Er wird Sie inmitten Ihrer Probleme *mit seiner Liebe und seinem Frieden erfüllen.*
- Er wird Sie zu den *Antworten* führen, die Sie gerade brauchen.
- *Er wird in Ihnen neue Werte und Vorlieben wachsen lassen,* die nicht von Ihren Umständen abhängig sind. Die Dinge, die Ihnen wichtig sein werden, sind ewig, wie etwa seine Liebe

und die Liebe Ihrer spirituellen Gemeinschaft, Familie und Freunde.
- Er wird durch sein Wort *zu Ihnen reden* und Sie dadurch ermutigen und führen.
- *Er wird neue Türen öffnen, wenn alte sich schließen* oder schlimme Ereignisse sie verschließen. Bei Gott gibt es immer ein Morgen.

Ich liebe dieses Bild, das Jesus gebraucht, von dem Haus, das auf einem festen Fundament oder „Fels" gebaut ist. Ich lebe in Südkalifornien, und wenn Sie gelegentlich Nachrichten sehen, kennen Sie die Bilder: fantastische Traumhäuser mit tollem Ausblick, die viele Millionen Dollar wert sind, wie sie die Hügel hinunterrutschen in den Schlamm. Nichts mehr wert und ein totaler Verlust. Ich fühle immer mit diesen Hausbesitzern mit, denn meistens verlieren sie alles.

Aber es gibt andere Häuser, die nicht die Hügel hinunterrutschen, wenn die Stürme kommen. Es sind diese Häuser, von denen Jesus sagt, dass sie auf felsenfestem Grund gebaut sind. Und auch wenn der Regen kommt, gibt dieser Grund nicht nach, und sie stehen auch *mitten im Sturm*.

Genau das möchte Gott für unser inneres Leben. Dass wir in ihm gegründet sind, im Glauben, in engen Beziehungen, in der Gemeinschaft mit Menschen, in seinem Wort. Dass wir eng verbunden sind mit seinem Geist, durch den wir wissen, dass Gottes Liebe größer ist als jeder schlechte Tag.

Das habe ich schon hinter mir!

Ein Kennzeichen eines reifen Menschen ist es, dass er dieselbe Lektion nicht immer wieder lernen muss. „Das habe ich schon hinter mir", ist eine Aussage, die Sie von lebenserfahrenen Menschen hören können, wenn sie eine Alternative betrachten, die sie nicht noch einmal wählen möchten. Sie haben etwas Ähnliches schon einmal erlebt und ihre Lektion gelernt. Sie wollen das nicht noch einmal wiederholen.

Unreife Menschen dagegen lernen nichts dazu. Sie wiederholen sich. Und im Kern dieses Wiederholungsmechanismus steht die Art und Weise, wie sie sich schwierigen Umständen stellen. Sie sehen die Schwierigkeit als unfairen Eingriff in das glückliche Leben, das sie doch verdienen, einfach weil es sie gibt. Sie werden zornig, anschuldigend und bitter, wenn die Dinge nicht so laufen, wie sie sich das vorstellen. Sie beschweren sich mit geballter Faust bei allem und jedem: dem Chef, der Wirtschaft, Gott oder dem Leben allgemein. Aber das Letzte, was sie tun, ist sich zu fragen: *Was kann ich daraus lernen? Wie kann ich dadurch wachsen? Welchen Wachstumsschritt muss ich in dieser Situation tun? Was muss ich tun, damit es besser wird?* Wenn sie das tun könnten, wären ihre schwierigen Umstände kein totaler Verlust. Wenn sie dann das nächste Mal auf eine vergleichbare Situation stießen, würden sie sich entweder nicht hineinverwickeln lassen oder sie würden anders und besser damit umgehen. Sie könnten die Situation vielleicht sogar selbst lösen.

Der Apostel Jakobus, selbst in Schwierigkeiten erprobt, gibt uns eine weite Perspektive und erstaunliche Weisheit, um solche schweren Zeiten zu bewältigen:

> „Seht es als echtes Geschenk an, Freunde, wenn Aufgaben und Herausforderungen von allen Seiten auf euch zukommen. Ihr wisst, dass euer Glaubensleben unter Druck ans Licht kommt und seine wahren Farben zeigt. Also versucht nicht verfrüht aus irgendetwas herauszukommen. Lasst es seine Arbeit tun, damit ihr gereifte und gut entwickelte Menschen werdet, die in keiner Hinsicht unzureichend sind. Wenn ihr nicht wisst, was ihr tun sollt, betet zum Vater. Er wartet nur darauf zu helfen. Ihr werdet seine Hilfe bekommen und nicht von oben herab behandelt werden, wenn ihr darum bittet."[35]

Das läuft also darauf hinaus: Protestieren Sie nicht dagegen, dass das Leben nicht fair ist. Wer hat eigentlich behauptet, dass es fair sein sollte? Prüfungen und Belastungen gibt es nun einmal. Dagegen aufzubegehren ist, als wenn man die Schwerkraft anschreit, weil man nicht gern hinfällt. Wenn die Herausforderungen kommen, arbeiten Sie sich vielmehr voll Vertrauen hindurch. Oder wie es oben heißt: „Lasst [das Schwierige] seine Arbeit tun, damit ihr gereifte und gut entwickelte Menschen werdet." Bitten Sie Gott um Weisheit. Und denken Sie daran, dass „er nur darauf wartet zu helfen".

Paare, die so mit Schwierigkeiten umgehen, lassen sich zum Beispiel nicht so schnell scheiden, nur um dann dieselben Fehler in der nächsten Beziehung zu wiederholen. Sie halten durch und lernen aus den Erfahrungen und Schwierigkeiten. Sie werden eine bessere Beziehung haben, nachdem sie aus der Krise herausgefunden haben. Aber selbst wenn einer von beiden nicht bereit ist dranzubleiben und die Ehe beendet wird, hat doch der andere durch diesen Prozess gelernt und wird dann beim nächsten Mal die bessere Wahl treffen, anstatt dasselbe Verhalten zu wiederholen.

Das gilt auch fürs Geschäftliche. Gute Führungskräfte stellen ihre Nachwuchskräfte in Situationen, die sie herausfordern, über sich selbst hinauszuwachsen, um sie „zu erproben" und „das Wachstum zu fördern". Das Ergebnis? Ihre Leute werden besser und sind in der Lage, größere Aufgaben zu übernehmen. Und was ist mit denen, die nicht lernen, mit solchen Herausforderungen umzugehen? Sie bekommen meistens „die Möglichkeit, in einer anderen Firma erfolgreich zu sein", d. h. sie sind den Job los. Dort werden sie dann ihre Fehler wiederholen und dem nächsten Chef die Schuld geben.

Dieses Geheimnis des Glücks besagt: Wenn nicht alles so klappt, wie ich es gern hätte, dann gibt es etwas zu lernen. Aber Sie müssen danach Ausschau halten, was das sein könnte. Also fragen Sie sich: *Was will Gott mir durch diese Schwierigkeiten beibringen? Wie kann ich dadurch ein besserer Mensch werden, statt mich verbittern zu lassen? Was muss sich in mir verändern, damit ich diese schwierige Situation überwinden kann?* Das ist die Sprache, die die Menschen sprechen, die wir als „glücklich" bezeichnen. Auch in schweren Zeiten.

Wir sind nicht dazu geschaffen, allein zu sein.
Und doch entdecken wir an uns Verhaltensweisen oder Einstellungen, die gerade die Menschen, die wir gewinnen möchten, auf Abstand gehen lassen und immer die „falschen Leute" anziehen. Wir können in solchen unbefriedigenden Beziehungsmustern stecken bleiben und dem Irrtum verfallen, wir könnten uns nicht daraus befreien. Aber wir können es. Wenn Sie Gottes Beziehungsgeheimnisse in Ihrem Leben anwenden, werden Sie neues Vertrauen gewinnen, tiefere Beziehungen knüpfen können und die Erfüllung in Ihrem Beziehungsleben finden, nach der Sie sich sehnen.
Gott hat einige Beziehungsgeheimnisse enthüllt, in denen es darum geht, wie man für die richtigen Leute anziehend wird. Im folgenden Abschnitt lernen Sie diese Geheimnisse kennen und erfahren, was Sie tun können, damit Ihr Beziehungsleben reich und erfüllend wird.

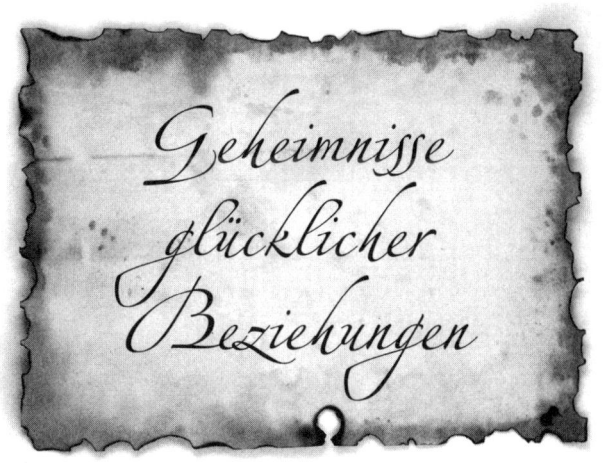

Gute Beziehungen entstehen, wenn man die Fähigkeiten besitzt, sie zu gestalten

> So wie ihr von anderen behandelt werden möchtet, so behandelt sie auch.
>
> Lukas 6,31

Ein Paarberater sagte dem Paar, das ihn aufgesucht hatte: „Ihr Problem ist Folgendes: Sie wollen eine ‚Zehner'-Beziehung, aber Sie sind beide ‚Fünfen'."

Ooooh. Das ist ein Hammer, oder? Aber mir als Psychologen gefällt diese Antwort. Ich weiß, was er damit sagen wollte. Die beiden würden nie die Beziehung haben, die sie sich wünschten, solange sie sich nicht die Fähigkeiten aneigneten, die sie brauchten, um ihre Wunschbeziehung zu gestalten. Ohne sie geht es nicht. Sie können nicht den Super Bowl gewinnen, wenn Sie nicht blocken, angreifen und einen Pass werfen können.

Ich arbeitete mit einem Paar, das Probleme hatte. Sie, Anfang dreißig, wollte ihn wegen eines Konfliktes verlassen, den sie bereits seit einer Weile hatten. Zweifellos hatte er einige Probleme, die ihr Mühe bereiteten. Aber er arbeitete daran und veränderte sich. Er war natürlich nicht perfekt, daher waren einige ihrer Beschwerden auch gerechtfertigt.

Aber sie war sich überhaupt nicht bewusst, wie ihre eigene Einstellung und ihr eigenes Benehmen zu diesen Problemen beitrugen. Sie war sarkastisch und machte bissige Bemerkungen über ihn. Sie wollte nicht anerkennen, dass er überhaupt Fortschritte machte, und sah ihn als „komplett schlecht". Gleichzeitig hatte sie die Fantasievorstellung, dass alles „ganz toll" würde, wenn sie sich scheiden ließe und mit einem anderen Partner ganz von vorn anfinge. Sie glaubte, sie hätte „einen Fehler gemacht", als sie ihn geheiratet hatte, und dass alles wunderbar werden würde, wenn sie „den Richtigen" fände. Sie war sich ganz sicher, dass eine neue Beziehung fantastisch würde.

Schließlich musste ich ihr sagen: „Das einzige Problem mit einer neuen Beziehung wäre, dass Sie ein Teil davon wären. Es würde keinesfalls fantastisch werden, egal, wie perfekt der Mann in dieser Beziehung auch wäre."

Sie sah mich mit fassungslosem, eisigem Blick an. „Wie bitte?"

„Sie glauben, dass eine gute Beziehung davon abhängt, dass man ‚den Richtigen' findet. Und ich sage Ihnen, dass Sie nicht die Fähigkeiten haben, eine gute Beziehung zu führen, egal, wen Sie finden. Darum bleiben Sie lieber, wo Sie sind, und lernen Sie, eine Beziehung mit dem Mann zu führen, mit dem Sie verheiratet sind. Solange Sie das nicht tun, werden Sie nicht in der Lage sein, eine positive Beziehung *zu irgendeinem Menschen* aufzubauen."

Unsere Beziehungen werden nur so gut sein, wie unsere Fähigkeiten, Beziehungen zu gestalten.

Danach hatten wir natürlich eine Menge zu besprechen. Und ich erläuterte, sie müsse erst einmal selbst an ihrer Beziehungsfähigkeit und ihrem Verhalten arbeiten, bevor sie ihrem Mann für ihr Elend „die Schuld in die Schuhe" schob. Solche Szenarien gibt es, aber dieses gehörte nicht dazu.

Wir können nur die Beziehungen haben, die unseren eigenen Fähigkeiten entsprechen. Wenn wir also so großartige Dinge wie Liebe, Sicherheit und Wachstum in einer Beziehung erleben wollen, dann müssen wir Menschen sein, die in der Lage sind, Liebe zu entwickeln, Sicherheit zu geben und Wachstum zu fördern. Wenn wir Menschen sind, die das können, werden wir die Beziehungen haben, die wir uns wünschen. Bis dahin werden tiefe, erfüllende Beziehungen für uns Wunschträume bleiben.

Das ist das große Problem bei der Partnersuche. Ich sehe Menschen, die immer wieder nach „dem Einen" suchen. Ihre ganze Energie richtet sich auf die Person, die sie suchen, nicht darauf, was für ein Mensch sie selbst sind. Und wie wir beim nächsten Geheimnis sehen werden, gehört beides zusammen. Aber selbst wenn sie „den Richtigen" fänden, würden sie ohne die nötigen Fähigkeiten nie eine funktionierende Beziehung erleben. Dennoch halten nicht wenige an der Hollywood-Fantasie von der „Liebe auf den ersten Blick" fest. Glauben Sie vielleicht auch daran? Falls ja, habe ich eine Aufgabe für Sie.

> *Dauerhafte Liebe entsteht durch die Fähigkeit, Liebe zu schaffen und lebendig zu erhalten.*

Gehen Sie in den Supermarkt und schauen Sie sich das Zeitschriftenregal an. Betrachten Sie die Deckblätter, und Sie werden mehrere sehen, die Fotos der neusten Glamour-Paare haben, begleitet von Schlagzeilen wie „XY findet die wahre Liebe!". Die Artikel dazu werden voller Begeisterung davon schreiben, wie die beiden „in dem anderen ihren Seelenpartner gefunden haben". Großartig ... Möge die Fantasie ewig weiterleben ... bis zu Ihrer nächsten Aufgabe. Gehen Sie nach sechs bis acht Monaten wieder in den Supermarkt, und sehen Sie sich dieselben Magazine an. Sie werden die Wahrheit dieses Geheimnisses sehen. Die Titelgeschichten werden berichten: „Die Trennung! Was wirklich passierte ... Freunde erzählen alles."

Die „Seelenpartner" haben es nicht geschafft. Der Grund ist immer derselbe: Beziehungen scheitern, wenn einer oder beide nicht die nötigen Fähigkeiten besitzen, um sie erfolgreich zu gestalten. So etwas wie sofortige und *dauerhafte* Hollywood-Liebe gibt es nicht. Dauerhafte Liebe entsteht durch die Fähigkeit, Liebe zu schaffen und lebendig zu erhalten. Paare, die diese Fähigkeit erwerben, können es schaffen. Aber bis es soweit ist, werden die Magazine weiter über die nächste Trennung und den nächsten Seelenpartner berichten. Und die Schlagzeilen werden sich wiederholen – nur mit anderen Namen.

Das Geheimnis lautet also: Wenn Menschen über die Fähigkeiten verfügen, die dauerhafte Liebe hervorbringen, dann werden sie eine solche Liebe von Dauer auch finden.

Die Goldene Regel

Sie haben wahrscheinlich schon von der Goldenen Regel gehört. Vielleicht wird sie so genannt, weil es eine jener Regeln ist, die wirklich das Leben verändern können, wenn man sie befolgt. Jesus ist derjenige, der diese Regel gelehrt hat, und sie lautet:

> Behandle andere so, wie du von ihnen behandelt werden möchtest.[1]

Liebe, Güte, Vergebung, Treue, Ehrlichkeit, Annahme, Echtheit ... das sind die Dinge, die gute Beziehungen hervorbringen.

Hört sich einfach an, aber diese Maxime kann Ehen, Freundschaften, Arbeits- und Familienbeziehungen revolutionieren. Problematische Beziehungen aller Art werden drastisch beeinflusst, wenn diese Regel konsequent befolgt wird.

In jeder Beziehung gibt es (mindestens) zwei Menschen, und der Einzige davon, über den Sie Kontrolle haben, sind Sie selbst. Wenn Sie sich also gute Beziehungen wünschen, dann sehen Sie sich nicht nur nach „den richtigen Leuten" um (dass auch das wichtig ist, werden wir noch sehen), sondern arbeiten Sie daran, die Fähigkeiten zu entwickeln, die die Art von Beziehung hervorbringen, die Sie haben möchten.

Und das beginnt damit, andere so zu behandeln, wie man selbst behandelt werden möchte.

Es gibt einiges, was Sie mitbringen müssen, wenn Sie sich die Erfahrung bereichernder Beziehungen wünschen. Sie müssen derjenige sein, der die wichtigen Fähigkeiten der Liebe, der Güte, der Vergebung, der Treue, der Ehrlichkeit, der Akzeptanz, der Echtheit und noch andere wichtige Eigenschaften einbringt. Tun Sie das nicht, dann werden Sie eine „Fünf" sein, die eine „Zehner"-Beziehung will. Oder Sie finden eine Zehn und ziehen den anderen mit herunter. Es wird keine Liebe geben, wenn Sie nicht selbst Liebe in die Beziehung einbringen.

Nicht mit gleicher Münze zurückzahlen

Einer meiner biblischen Lieblingsverse enthält sozusagen ein Rezept dafür, wie man eine schlechte Beziehung verbessern und eine gute Beziehung als gute Beziehung erhalten kann:

> Lass dich nicht vom Bösen besiegen,
> sondern besiege das Böse durch das Gute.[2]

Zahlen Sie nicht mit gleicher Münze zurück. Geben Sie etwas *Besseres*, als Sie selbst erhalten. Stellen Sie sich vor, beide Partner in einer Beziehung leben nach dieser Regel. Sehen Sie es einmal so: Wenn sich zwei Menschen ineinander verlieben und heiraten oder wenn zwei Menschen Freunde werden, dann tun sie das aus guten Gründen. Niemand sagt: „Ich liebe dich, weil du so ein Dummkopf bist. Heirate mich!" (Es sei denn, jemand ist hochgradig pathologisch, aber darauf kann ich hier nicht eingehen.) Die meisten Beziehungen kommen zustande, weil Menschen einander guttun und in dieser Beziehung zufrieden sind. Bis ...

... einer von beiden einen schlechten Tag hat und etwas

Sarkastisches sagt. Der andere ist verletzt und antwortet mit einer Lieblosigkeit. Dann zieht sich der Erste zurück usw. Anders gesagt: Es ist eine gute Beziehung, bis einer etwas einbringt, was nicht ganz so gut ist. Dann antwortet der andere darauf mit etwas noch weniger Gutem, und der Absturz hat begonnen.

Ich denke, Sie stimmen mir zu: Wir alle tun so etwas. Aber der Mensch, der gelernt hat, anders zu reagieren, nämlich nicht mit gleicher Münze heimzuzahlen, wird die Situation schnell verändern, indem er seinen Stolz hinunterschluckt oder indem er erkennt, dass er gerade die beleidigte Leberwurst gibt, und auf den anderen zugeht und sagt: „Es tut mir leid. Ich bin ein Idiot. Vergib mir." Dann geht es in der Beziehung wieder aufwärts, und der Absturz ist abgefangen. Wir sehen, wie dieser Vers funktioniert, wenn wir Fehlverhalten mit gesundem Verhalten überwinden, wenn wir auf Fehlverhalten nicht mit Fehlverhalten antworten – wenn wir etwas Besseres geben, als wir selbst bekommen, und eben nicht mit gleicher Münze heimzahlen.

> *Wenn wir uns von unserer schlechtesten Seite zeigen, brauchen wir keine Reaktion, die den Schmerz noch vergrößert. Wir brauchen etwas Erlösendes.*

Etwas Besseres zu geben, als man selbst bekommt, kann auch bedeuten: Wenn jemand Sie enttäuscht oder im Stich lässt, geben Sie ihm, was Sie selbst brauchen, wenn Sie andere enttäuschen oder hängen lassen: Hilfe. Manchmal braucht man Verständnis und Güte. Angenommensein, wie man gerade ist. Manchmal braucht man aber auch etwas Ehrlichkeit, eine Auseinandersetzung. Aber was immer man braucht, man braucht etwas *Gutes, nicht etwas Schlechtes. Wir brauchen etwas Erlösendes, wenn wir uns von unserer schlechtesten Seite zeigen, nicht etwas, was den Schmerz noch vergrößert. Wir brauchen Hilfe.* Wir brauchen ein „Oh ... es tut mir leid, dass alles gerade so schlecht läuft" anstatt ein „Pass auf, was du sagst."

Vergelten Sie Böses mit Gutem. Und Sie werden feststellen, dass es schwerer wird, sich zu streiten. Oder doch wenigstens, sich über einen längeren Zeitraum zu streiten. Seien Sie erlösend und dienen Sie dem anderen mit Gutem. Ihr Gegenüber braucht diese Unterstützung von Ihnen. Und wenn Sie eine bessere Beziehung wollen, ist es unabdingbar. Vergelten Sie Böses mit Gutem, Verletzendes mit Erlösendem, wenn Sie wollen, dass Ihre Beziehung gedeiht.

Bevor Sie reden ...

Bevor Sie reden, stellen Sie sicher, dass Ihre Worte von Liebe geprägt sind. Handeln Sie gemäß der Goldenen Regel und geben Sie etwas Besseres, als Sie bekommen. Denken Sie daran: Was Sie sagen, kann entweder Liebe aufbauen oder sie zerstören. Denn es stimmt:

> Worte haben Macht: sie können über Leben und Tod entscheiden. Darum ist jeder für die Folgen seiner Worte verantwortlich.[3]

Sie werden die Früchte dessen ernten, was Sie in Ihren Beziehungen sagen und tun, Tag für Tag, Jahr für Jahr. Erwerben Sie die Fähigkeiten, das zu sagen und zu tun, was geeignet ist, Liebe wachsen zu lassen – und Sie werden Liebe finden.

Sie ziehen die Beziehungen an, die zu Ihnen passen

Unglück verfolgt die Unheilstifter;
Glück belohnt alle, die das Rechte tun.

Sprüche 13,21; NL

„Ich verstehe es nicht. Ich kann in einem Stadion mit fünfzigtausend Leuten sein, und ich verliebe mich in den einzigen Alkoholiker, der da ist. Es ist unheimlich. Ich ziehe sie an wie das Licht die Motte."

„Wenn es irgendwo im ganzen Land einen herrschsüchtigen Typ gibt, ich finde ihn garantiert, und dann glaube ich, dass ich nicht ohne ihn leben kann."

„Ich arbeite immer wieder für Idioten. Es ist, als ob ich automatisch denke, dass das die beste Firma der Welt ist, wenn mir einer dieser Idioten einen Job anbietet ... bis ich dann sechs Monate dort gearbeitet habe."

„Ich finde immer nur die Verlierertypen. Was ist nur mit mir, dass ich die immer anziehe?"

„Warum sind alle Frauen, zu denen ich mich hingezogen fühle, immer so hilfsbedürftig?"

„Ich finde mich immer wieder in derselben Beziehung wieder. Das Einzige, was sich ändert, sind die Namen."

Wissen Sie, was ich an diesen Aussagen so liebe? Immer wenn ich sie höre, egal, ob es um Partnerschaft, Freundschaft, Geschäftliches oder sonst etwas geht, weiß ich, dass der Mensch, der eine solche Aussage macht, auf dem Weg ist, sein Beziehungsleben zu verbessern. Warum? Weil jemand, der so etwas sagt, endlich erkannt, dass das Problem nicht in den *anderen* liegt, in den Leuten, auf die er immer wieder stößt. Sondern dass *er* oder *sie selbst* das Problem ist, oder zumindest ein großer Teil des Problems. Hier erkennt jemand, dass das eigentliche Problem darin besteht, dass sein „Beziehungsmonitor" defekt ist.

Er wählt immer wieder solche Leute als Freunde oder Partner, die ihn entweder verletzen oder enttäuschen oder auf andere Weise nicht gut für ihn sind. Und er beginnt zu erkennen, dass es kein Zufall ist, dass diese Menschen in seinem Leben auftauchen: Es hat etwas mit ihm selbst zu tun, dass er immer wieder gerade solche Leute findet – anzieht. Wenn ich diese Erkenntnis höre, weiß ich, dass es nur noch eine Frage der Zeit ist, bis dieses Verhaltensmuster endet. Denn sobald man es erkennt, kann man auch den Gründen dafür auf die Spur kommen und sie ändern. Und Sie können das auch.

Gleiches zieht Gleiches an

Aber was unglaublich schwer ist, ist, Menschen *verständlich zu machen,* dass sie selbst etwas damit zu tun haben, dass sie immer wieder dieselben Typen anziehen oder von ihnen angezogen sind. Oft sehen sie nicht, dass das, was für sie so attraktiv ist, etwas mit ihrer eigenen Störung zu tun hat, und sie missachten die Warnzeichen. Ich weiß nicht, wie oft ich schon Sätze gehört habe wie diese: „Wenn ich zurückblicke, muss ich sagen, dass ich die kleinen Anzeichen gesehen habe. Aber ich hab sie ignoriert. Ich glaube, ich wollte einfach so sehr, dass es richtig ist, dass ich Dinge ignoriert habe, die eigentlich ein Signal waren." Sie haben nicht auf die „leise innere Stimme" gehört.

Es gibt mit Sicherheit ein Gesetz der Anziehung im Bereich unserer Beziehungen. Dysfunktionale Menschen ziehen dysfunktionale Menschen an, und gesunde Menschen ziehen gesunde Menschen an. Es ist unheimlich, wie konsequent sich dieses Muster durchzieht. Zum Beispiel ist jemand, der in einer langfristigen Beziehung zu einem Suchtkranken lebt, immer auf irgendeine Weise co-abhängig. Diese zwei finden sich immer. Die Frage ist: *Warum?*

Wenn Menschen immer wieder in problematische Beziehungen geraten, hat das etwas mit ihnen selbst zu tun. Ihr „Beziehungsmonitor" ist defekt.

The Secret – Das Geheimnis würde sagen: Hier wirkt das Gesetz der Anziehung im Bereich der Energiefelder zwischen Menschen. Die Energien des einen Menschen ziehen buchstäblich den anderen an. Mir liegen keine wissenschaftlichen Erkenntnisse vor, ob das stimmt oder nicht. Aber wir sehen immer wieder, dass diese Anziehung tatsächlich stattfindet. Ich glaube, dass wir Energiefelder haben, die von unserem Charakter ausstrahlen. Zum Beispiel können Sie es ganz deutlich spüren, wenn Sie einem Menschen begegnen, der von Liebe erfüllt ist. Oder jemandem, der „dunkle" Energie ausstrahlt. Menschen haben eine „Ausstrahlung". Manche Menschen können einen Raum betreten und es wird hell. Jemand anders kommt, und es wird dunkel. Sie können fühlen, wie sich die ganze Stimmung verändert. Vielleicht wird es eines Tages ein Messgerät geben, mit dem wir die dunklen und hellen Energieniveaus von Menschen messen können.

Aber diese Tatsache lässt sich auch auf natürlichere Weise erklären als durch Energie. *Es gibt Charakterdynamiken, die erklären, auf welche Weise wir von bestimmten Menschen angezogen werden und von anderen nicht.* Sehen wir uns dazu einmal die Struktur der Co-Abhängigkeit an. Es gehört zur Wesensstruktur von Co-Abhängigen, dass sie jemanden brauchen, den sie retten können. Für den sie reparieren, wieder instand setzen, es besser machen können. Und was brauchen Retter?

Richtig. Jemanden, den sie retten können. Und was für Menschen brauchen Rettung? Verantwortungsbewusste Menschen? Nein. Selbstständige Menschen? Unabhängige Menschen? Nein. Solche Menschen kümmern sich um sich selbst. Die Menschen, die Rettung brauchen, sind die, die keine Verantwortung für ihr Leben übernehmen und in Schwierigkeiten stecken. Also werden Co-Abhängige immer verantwortungslose oder abhängige Menschen in ihrem Leben haben. Jedenfalls so lange, bis sie erkennen, dass ihre Co-Abhängigkeit der Grund ist, warum diese Beziehungen bestehen und sie diese problembelasteten Menschen in ihrem Leben haben.

Und für die andere Seite der Gleichung gilt dasselbe: Wenn Menschen keine Verantwortung für sich selbst übernehmen, was für Menschen brauchen sie? Retter. Jemanden, der sich um sie kümmert. Und schon haben Sie Ihre Übereinstimmung. Sie finden einander. Irgendwo in ihrem Unterbewusstsein haben sie die Fähigkeit, einander zu erspüren, und das entsprechende Paar bildet sich, selbst in einer großen Menschenmenge findet diese Anziehung ihr Ziel. Es funkt einfach, wenn die entsprechenden Partner sich treffen. Es fühlt sich richtig oder vertraut an. Sie haben keine Ahnung, was die Anziehung antreibt, sie wissen einfach nur, dass sich am Anfang alles gut anfühlt. Erst wenn die problematische Seite dieser Dynamik einsetzt, entwickelt sich die Katastrophe.

Ein anderes Beispiel: Wenn jemand kontrollwütig ist und die Grenzen eines anderen nicht respektieren kann, nach was für einem Menschen wird er oder sie suchen? Wer „passt" zu so einem Kontrolleur? Die Antwort lautet: jemand, der dieses Verhalten zulässt. Es ist eine perfekte Übereinstimmung. Es fühlt sich alles so natürlich an. Sie ziehen einander wie Magneten an:
- Der Selbstsüchtige und die Selbstlose
- Der Perfektionist und die, die sich schuldig fühlt, wenn sie anderen nicht alles recht macht

- Der Distanzierte und die Nähe Fürchtende
- Der emotional Unerreichbare und die gefühlsmäßig Unterernährte
- Die Kritische und der mit dem negativen Selbstbild
- Der Egozentriker und die Gebende
- Der Selbstverliebte und die Schmeichlerin
- Das übermäßig „brave Mädchen" und der „böse Junge"

Jemand sagte einmal, dass man von den Menschen angezogen wird, die in etwa genauso krank oder gesund sind, wie man selbst. Das stimmt auf keinen Fall. Ich habe erlebt, wie eigentlich recht gesunde Menschen mit ein paar Problemen sich mit wirklich kranken und sogar mit geradezu bösartigen Menschen zusammengetan haben. Sie waren nicht in gleichem Maß gestört. Aber eines passte: *Ihre Probleme passten auf eine kranke Art und Weise zusammen.* Ein Täter ist oft kränker als der passive Mensch, den er missbraucht. Aber dennoch kann man sehen, wie ihre Dynamiken ineinandergreifen. Sie mögen nicht gleich schwer gestört sein, aber sie passen zusammen. Es funktioniert, wenn man es so ausdrücken will.

Es geht um Sie

So erschließen Sie dieses Geheimnis für sich: Übernehmen Sie Verantwortung für die Tatsache, dass es einen Grund dafür gibt, wenn Sie sich in Freundschaften, in der Partnerschaft, im Geschäftlichen oder in anderen Beziehungsumfeldern immer wieder zu dysfunktionalen Menschen hingezogen fühlen.

Es geht *um Sie,* nicht um die anderen. Finden Sie heraus, warum Sie sich zu ihnen hingezogen fühlen. Hier ein Beispiel dazu: Ich habe eine Freundin, die nicht verheiratet ist. Seit ein paar Jahren beklagt sie sich bei mir über die Männer, die sie kennenlernt. Sie klagt darüber, wie unverbindlich sie sind, dass man sich nicht darauf verlassen kann, was sie sagen, und dass sie in der Beziehung nicht die Initiative ergreifen. Sie empfindet es so, als ob die Männer, die sie kennenlernt, keine Entscheidungen treffen oder keine Verantwortung für die Beziehung übernehmen. Schließlich hatte ich genug davon, immer die gleiche Geschichte zu hören. Also sagte ich ihr, was ich darüber dachte.

„Ich glaube, dass du das bekommst, wovon du angezogen bist. Und das sind kleine Jungs", sagte ich.

„Wovon redest du eigentlich?", fragte sie.

„Genau davon. Ich glaube, dass all diese Männer kleine Jungs sind. Alle Ende zwanzig oder Anfang dreißig und hängen immer noch irgendwie mit ‚Papa' zusammen. Einer arbeitet für seinen Vater, weil er es allein nicht schafft. Ein anderer wohnt noch bei seinen Eltern. Ein anderer arbeitet in derselben Firma wie sein Vater, und Papa hat ihm die Stelle besorgt. Keiner steht auf eigenen Füßen. Und entsprechend verhalten sie sich auch. Sie wollen einfach jemanden, der *sie* zufriedenstellt. Und sie wollen nichts, was nach einer reifen und verantwortlichen Beziehung aussieht."

Ich teilte ihr meine Wahrnehmung immer wieder einmal mit, aber sie wollte nicht zustimmen. Für sie war es einfach so, dass es „da draußen" keine Guten mehr gab. Und dann passierte es.

„Oh, Mann", sagte sie, „ich hatte einen Moment der Erleuchtung."

„Was ist passiert? Hat einer deiner kleinen Jungen einen richtigen Job gefunden?", fragte ich.

„Nein. Ich hatte ein Date mit jemandem, den du als ‚Mann' bezeichnen würdest. Er verwaltet Wertpapiere, hat sein Studium selbst finanziert und fährt ständig zu irgendwelchen Fortbildungen über Führungsqualitäten, persönliches Wachstum und solche Dinge. Es war so anders", sagte sie.

„Das ist klasse", sagte ich. „Also, was ist passiert?"

„Beim Essen saß ich da und hörte ihm zu und erfuhr einfach etwas über sein Leben. Da wollte ich auf einmal am liebsten aufstehen und die Verabredung einfach beenden. Also prüfte ich einmal etwas genauer, was in mir los war. Und ich erkannte, dass ich mich in seiner Gegenwart nur etwa einen Zentimeter groß fühlte. Und ich stellte fest: Mit einem wirklich erwachsenen Mann zusammen zu sein, machte mir Angst. Ich muss die Kontrolle haben, und bei diesem Typen fühlte ich, dass ich sie nicht hatte, obwohl es genau die Art von Mann war, die die anderen, über die ich mich beschwerte, nie waren! Ich habe echte Angst vor dem, was ich eigentlich haben will. Jetzt sehe ich, was du gemeint hast. Ich habe kleine Jungs gewählt, damit ich mich nicht bedroht fühlte", sagte sie erstaunt, aber mit Überzeugung. Ertappt.

Endlich sah ich für sie einen Hoffnungsschimmer.

Spielen Sie Ihr eigenes Spiel

Hier ist mein Tipp: Hören Sie auf, das Spiel der anderen zu spielen. Hören Sie auf, das Spiel zu spielen, das zur Störung anderer Leute passt. Und Sie werden aufhören, solche Menschen anzuziehen. Und die Menschen, die das „kranke" Beziehungsspiel bereits mit Ihnen spielen, werden das kapieren und beginnen, Ihr Spiel zu spielen – das gesunde Spiel. Ehrlichkeit, Verantwortung, Liebe, Treue, Verbindlichkeit. Wenn das zu Ihrem Spiel gehört, werden nur Menschen mitspielen wollen, die einen ähnlichen Charakter haben. Die anderen wollen damit nichts zu tun haben.

Unangebrachtes Vertrauen öffnet dem Unglück die Tür

> Wer Gott gehorcht, kann anderen den richtigen Weg zeigen; wer Gott missachtet, läuft in die Irre.
>
> SPRÜCHE 12,26

Von dem Moment Ihrer Geburt bis zu dem Tag Ihres Todes empfangen Sie Leben von außen. Von Gott und von anderen Menschen. Daher stellt sich die Frage: Was nehmen Sie da auf? Vertrauen Sie den richtigen Menschen und öffnen Sie solchen Menschen Ihr Herz, die Ihr Vertrauen verdienen, wird es Ihnen gut gehen. Wenn Sie den falschen Menschen vertrauen, werden Sie darunter leiden.

Am Anfang dieses Buches haben wir das Vertrauen den Schlüssel zu allen anderen Geheimnissen genannt. Das ist es in der Tat. Vertrauen öffnet die Tür zur Liebe. Wir haben gesagt, dass Vertrauen die Tür zu einem Leben in weiteren Dimensionen ist. Vertrauen öffnet die Tür zu Gott und zu anderen, damit unser Herz, unser Verstand, unsere Seele und unser Leib aufnehmen können, was sie für uns bereithalten. Wenn wir essen, gibt uns das Kraft. Wenn wir gute Dinge von anderen aufnehmen, stärkt uns das ebenfalls. Aber es gibt auch eine andere Seite des Vertrauens. So, wie wir Gutes empfangen, wenn wir uns guten Einflüssen öffnen, werden wir uns selbst in Schwierigkeiten bringen, wenn wir unser Vertrauen in die falschen Dinge setzen. So, wie es möglich ist, sich eine Lebensmittelvergiftung durch verdorbenes Essen zuzuziehen, ist es auch möglich, sich Herz, Verstand, Seele und Charakter durch schädliche Menschen zu vergiften.

Gottes einfache Wahrheit darüber, wie Leben funktioniert,

lautet: Wir erhalten es von anderen. Wir nehmen es auf. Wenn Sie etwas Gutes aufnehmen, wird es das Gute in Ihnen vermehren. Ihr Leben wird beflügelt sein durch den Auftrieb, den das Gute mit sich bringt. Sie werden Weisheit, Liebe, Stärke, Unterstützung, Heilung, Wachstum, Beziehungsfähigkeiten, Reife Ihrer Talente, Verständnis, Wissen, Freude und noch mehr erlangen. Die Bibel spricht davon, dass Gott seine „Süßigkeiten", seine „Gnade" austeilt, indem er Menschen in unser Leben stellt, die uns Gutes tun. Indem er ihre Gaben nutzt, um uns wachsen zu lassen.[4] Nehmen Sie sich einmal die Zeit, an all die Menschen zu denken, von denen Sie in Ihrem Leben Gutes erfahren und empfangen haben, und die Ihnen geholfen haben, sich weiterzuentwickeln.

Vertrauen ist nur eine Tür, es ist keine Zauberformel.

Aber Vertrauen ist nur eine Tür. Es ist keine Zauberformel. Es hat immer ein Gegenüber auf der anderen Seite. In was und in wen Sie Ihr Vertrauen setzen, ist wichtig. Genauso wie Vertrauen die Tür zu guten Dingen sein kann, kann es auch die Tür zu großem Unglück sein.

Zwei Quellen für Leid

Es gibt viele Arten von Leid, aber auf zwei möchte ich hier näher eingehen. Die erste ist das Leid, das unschuldigen Menschen von anderen Menschen zugefügt wird, die sie missbrauchen, verletzen, benutzen, verraten oder ihnen etwas anderes Schreckliches antun, an dem der Leidende in keiner Weise beteiligt ist. Es ist das Leid, das jemand böswillig einem anderen zufügt – sei es einem Kind oder einem Erwachsenen. Das ist schrecklich, und es ist eins der Dinge, über die Gott aufschreit. Er hasst es, wenn die Unschuldigen leiden:

Dies ist die Botschaft Gottes: Erledigt Rechtsfälle. Stellt die Dinge zwischen den Menschen richtig. Rettet die Opfer vor ihren Ausbeutern. Übervorteilt nicht die Obdachlosen, die Waisen, die Witwen. Stoppt das Morden![5]

Es ist schrecklich zu sehen, wie Unschuldige leiden, und Gott ist immer tief bewegt, wenn es geschieht. Er bittet uns darum, seine Arme und Hände zu sein, die das Leiden anderer lindern. Wenn wir das tun, sagt er: „Was ihr für einen meiner geringsten Brüder getan habt, das habt ihr für mich getan."[6]

Die zweite Art von Leid ist ebenfalls Leid, das durch böswillige oder zumindest unverantwortliche und ichbezogene Menschen entsteht. Anders als die erste Art von Leid, bei der das Opfer – ob als Kind oder aus anderen Gründen – machtlos ist, ist dieses Leid nicht unvermeidlich. Es ist *das Leid, das entsteht, wenn man den falschen Menschen vertraut.*

Wir, und ich sage bewusst „wir", weil uns allen so etwas irgendwann einmal passiert ist, hätten es kommen sehen müssen und doch haben wir aus irgendwelchen Gründen den falschen Menschen vertraut. Manchmal war uns nicht bewusst, was passierte, zu anderen Zeiten wurden wir rechtzeitig gewarnt und hätten es kommen sehen müssen. Aber wie wir alle wissen, ist es nicht immer möglich zu sehen, was auf einen zukommt. Denn Menschen verändern sich und in einem neuen Kontext sind sie auf einmal nicht mehr vertrauenswürdig. Aber oft könnten wir es sehen und den Schmerz vermeiden, wenn wir etwas vorsichtiger wären. Wichtig an diesem Punkt ist die Erkenntnis: *Diese Art von Leid ist die Folge unangebrachten Vertrauens.*

Das bedeutet nicht, dass wir nicht mit Menschen mitfühlen sollen, die sich selbst in Krisen verstricken, oder dass wir uns nicht darum kümmern und anderen helfen, wenn sie im Schlamassel stecken. Aber die Botschaft für uns ist: *Dieses Problem hätte vermieden werden können, und die Lektion lautet: Lerne daraus und vermeide es beim nächsten Mal!*

Sie kennen bestimmt Menschen, die verletzt wurden, weil sie den falschen Leuten vertrauten. Vielleicht sind Sie selbst solch ein Mensch. Die Anzeichen waren da und wurden ignoriert. Aber der Wunsch nach etwas mehr, etwas Besserem, oder etwas anderem war stärker als die schreiende Wirklichkeit.

Ich habe Menschen erlebt, die das Unglaubliche glaubten und eine Beziehung eingegangen oder einen Geschäftsabschluss getätigt haben, obwohl alle Zeichen deutlich genug sagten: Stopp!

Stellen Sie sich bitte selbst die Frage: Worauf vertraue ich?

Vertrauen Sie allem, was andere Ihnen erzählen? Vertrauen Sie dem Charme von Menschen? Der Persönlichkeit eines anderen? Der Tatsache, dass Sie sich zu jemandem hingezogen fühlen? Vertrauen Sie Referenzen? Der Macht oder dem Status eines anderen?

Was ist es, das Sie dazu bringt, sich einem anderen zu öffnen und ihm Zugang zu gewähren zu

- Ihrem Herzen
- Ihrem Verstand
- Ihrer Seele
- Ihrer Kraft
- Ihrer Zeit
- Ihrer Familie
- Ihren Freunden
- Ihren Talenten
- Ihren Informationen
- Ihrem Besitz
- Ihren Träumen
- Ihren Plänen
- Ihrem Geld
- Ihrer Leidenschaft
- Ihren Wünschen
- Ihrer Liebe
- Ihren Hoffnungen
- Ihrem Glauben?

Wie Sie diese Frage beantworten, besagt eine Menge über Sie selbst. Wir leben in einer Kultur, in der Menschen sich anderen sehr schnell öffnen – in der Liebe, im Sex, in Partnerbeziehungen. Sie finden online ihr Gegenstück und fahren zusammen in den Urlaub, ohne zu wissen, ob der andere einen Bewährungshelfer hat. Menschen lassen sich auf Geschäfte ein, ohne die „gebotene Sorgfalt" walten zu lassen. Menschen schließen intime Freundschaften, ohne den anderen wirklich zu kennen, und vertrauen ihnen ihre tiefsten Geheimnisse an.

Hier ist ein Geheimnis über das Vertrauen, das die Bibel (und jeder gute Psychologe) Ihnen verraten kann: Vertrauen Sie dem Charakter eines Menschen insoweit, wie er sich in seinem Verhalten zeigt.[7]

Reden kostet nichts

Die Straßenversion dazu lautet: „Reden kostet nichts." Menschen erzählen alles Mögliche, aber das Tun ist eine andere Sache. Glauben Sie nicht dem, was die Menschen *sagen*, sondern dem, was sie *tun*. Denn was sie letztendlich tun, ist das, womit Sie leben müssen und worauf Sie sich verlassen können. Wir können uns nur auf das verlassen, was Menschen tun, nicht auf das, wovon sie sagen, dass sie es tun werden, oder wovon wir wünschten, dass sie es tun würden.

Der Charakter eines Menschen zeigt sich weniger in seinen Worten als in seinem Verhalten.

Das Geheimnis besteht also darin, zu beobachten, was Menschen tun. Beobachten Sie einfach, wie Menschen sich verhalten. Hören Sie nicht auf die Ausflüchte, sondern beobachten Sie sie eine Zeit lang. Zeit ist ein wesentlicher Faktor beim Vertrauen. Jesus hat es so ausgedrückt:

> Ein guter Baum bringt gute Früchte und ein kranker
> Baum schlechte ... Ebenso werdet ihr auch einen
> Menschen an seinen Taten erkennen.[8]

Wenn Sie einen *Partner suchen*: Vertrauen Sie jemandem, der nicht nur gut aussieht, charmant ist oder Ihnen Dinge erzählt, die wunderbar klingen. Vertrauen Sie dem Mann, der Sie auch nach längerer Zeit noch mit Liebe und Respekt behandelt und dadurch zeigt, dass er die Fähigkeit hat, Sie und die Beziehung zu Ihnen als Priorität über die eigenen Bedürfnisse zu stellen. Vertrauen Sie der Frau, die Ihnen zeigt, dass ihr Liebe, Freiheit, Verantwortung, Güte, Verbindlichkeit und andere Dinge von bleibendem Wert wichtig sind.

In Ihrer *Ehe oder Partnerschaft*: Wenn Ihr Vertrauen in den Partner, die Partnerin enttäuscht wurde – vielleicht durch eine Untreue, eine Sucht, irgendein anderes problematisches Verhalten –, vertrauen Sie nicht blind auf die Beteuerungen: Es tut mir leid und ich werde mich ändern. Das ist ein großartiger Anfang, aber es ist eben auch nur das, ein Anfang. Vertrauen Sie, wenn aus dem „Es tut mir leid" ein Weg geworden ist, den Sie sehen können: Wenn der, die andere sich in Behandlung begibt und dranbleibt, wenn Verhaltensweisen sich sichtbar ändern usw. Vertrauen ist der Weg, den Sie sehen können.

In Ihren *Freundschaften*: Vertrauen Sie jemandem, den Sie lange genug kennen, um zu sehen, dass er ehrlich, loyal, geistlich, verantwortlich, gütig, vergebungsbereit, zuverlässig ist und noch andere Eigenschaften besitzt, die eine gute Behandlung garantieren.

Manchmal lese ich bei Seminaren den folgenden Psalm vor, in dem der Beter davon spricht, wem er vertraut und wem nicht. Dann stelle ich eine Frage: „Wenn Sie sich Ihr Leben lang an die Entschlüsse gehalten hätten, die der Beter dieses Psalms hier benennt, hätten Sie sich dann einiges an Leid und Schmerz erspart?"

> Böses und Gemeines will ich nicht einmal ansehen.
> Gottes Gebote zu übertreten ist mir verhasst,
> damit will ich nichts zu tun haben.
> Ich will schlechten Gedanken keinen Raum in mir geben
> und mich von allem Bösen fern halten.
> Ich will nicht dulden, dass einer schlecht über einen
> anderen redet.
> Stolz und Hochmut will ich nicht zulassen.

Stattdessen will ich auf die Gottesfürchtigen achten,
damit sie sicher bei mir wohnen.
Nur vorbildliche Menschen dürfen mir dienen.
In meinem Haus sollen keine Betrüger wohnen,
und Lügner will ich in meiner Gegenwart nicht dulden.[9]

Der Beter dieses Psalms empfiehlt, dass wir uns von Menschen fernhalten, die nicht treu sind, die zerstörerisches Verhalten an den Tag legen, die über andere falsch reden, die arrogant auf andere herabblicken, die stolz sind, die andere hintergehen oder belügen. Jetzt frage ich Sie noch einmal: Wäre Ihr Leben hier und da anders verlaufen, wenn Sie sich beharrlich nach diesen Empfehlungen gerichtet hätten? Sie verstehen schon.

Gewinnen Sie Ihr Urteilsvermögen zurück

Wenn Sie immer wieder in schwierigen Beziehungen landen – finden Sie heraus, warum Sie dazu neigen, Menschen zu vertrauen, die Ihr Vertrauen nicht verdienen. Sind Sie vielleicht zu sehr auf Beziehungen angewiesen? Sind Sie deswegen anfällig dafür, nicht zu sehen, wie Menschen wirklich sind? Vielleicht haben Sie so hohe Idealvorstellungen, dass Sie die Realität nicht sehen können und nur das sehen, was Sie sehen wollen? Ein Rat, den die Bibel gibt, lautet: Lernen Sie, Ihre Sinne wieder zu gebrauchen.

> Feste Speise aber ist für die Vollkommenen, die durch den Gebrauch geübte Sinne haben und Gutes und Böses unterscheiden können.[10]

Nutzen Sie Ihre bisherigen (negativen) Erfahrungen positiv, indem Sie daraus lernen. Machen Sie nicht denselben Fehler noch einmal. Hören Sie auf Ihre „Sinne". Seien Sie vorsichtig, wem Sie sich anvertrauen – Ihr Herz, Ihre Träume, Ihre Seele. Jesus hat es so ausgedrückt:

> Gebt das, was euch heilig ist, nicht Menschen preis, die es nicht achten. Und was euch kostbar ist, verschleudert nicht an solche, die seinen Wert nicht erkennen.[11]

Es ist gut, wenn man dieses Geheimnis kennt. Hören Sie auf die leise innere Stimme, und wenn Sie Warnsignale empfangen, gehen Sie nicht weiter.

Zorn stärkt Beziehungen

> Zürnet, und sündigt dabei nicht!
> Die Sonne gehe nicht unter über eurem Zorn.
>
> EPHESER 4,26; RE

Haben Sie sich schon einmal gefragt, warum wir mit der Fähigkeit begabt sind, zornig zu werden? Zorn, so scheint es doch, ist eher zerstörerisch für Beziehungen. Warum sind wir in der Lage, zornig zu werden? Die Antwort: Damit wir in der Lage sind, gute Beziehungen zu gestalten.

Okay, das hätten wir also geklärt ...

Es ist verwirrend, oder? Zorn kann so zerstörerisch scheinen, aber seinem eigentlichen Wesen nach ist Zorn dazu da, Gutes zu bewahren, nicht es zu zerstören. Gott gab uns den Zorn, um uns zu helfen, die Liebe gedeihen zu lassen, nicht sie zu töten. Aber viele Menschen haben die Erfahrung gemacht, dass Zorn zerstörerische Wirkungen gehabt hat – in ihren Beziehungen und in ihrem Leben. Er hat unendlichen Schmerz und tiefes Leid verursacht, und sie haben nicht erlebt, dass Zorn auch zum Guten angewendet werden kann. Daher fällt es vielen schwer, irgendetwas Gutes an unserer Fähigkeit zum Zorn zu erkennen.

Das Geheimnis ist jedoch: Zorn, richtig angewandt, ist eines der wichtigsten Werkzeuge für gute Beziehungen und ein gelungenes Leben. Aber um das zu verstehen, müssen wir das Wesen des Zorns selbst verstehen. Ich definiere das Wesen des Zorns gern so: Zorn hat eine Schutzfunktion. Er hilft uns, das Gute zu schützen und das Böse zu beseitigen.

Wie Zorn funktioniert

Wir werden automatisch zornig oder wütend, wenn etwas, was für uns gut und wertvoll ist, gefährdet, verletzt oder bedroht wird. Wenn die Liebe zum Beispiel durch Untreue gefährdet ist, wird Ihr Zorn wach und wie ein Wächter bezieht er Stellung, um die Liebe zu schützen: „Beende die Untreue!", schreit er. „Hör auf mit dem Lügen oder Betrügen oder was sonst unsere Liebe bedroht!" Der Zorn ist bereit, für die Liebe zu kämpfen, und das Übel zur Strecke zu bringen, das die Liebe zu zerstören droht. Diesen Zorn nennen wir „gerechten Zorn". Es bedeutet: einstehen für das, was recht ist.

> *Wir sind mit der Fähigkeit begabt, zornig zu werden, damit wir in der Lage sind, gute Beziehungen zu gestalten.*

Freiheit ist ein anderes Beispiel für einen Wert, um den es sich zu kämpfen lohnt. Wenn jemand versucht, Ihnen Ihre Freiheit zu nehmen und Sie beherrschen will, tritt Ihr Zorn in Aktion und Sie sagen: „Nein! Das lasse ich nicht zu. Ich kämpfe für meine Freiheit. Sie ist mir wichtig!" Wenn Sie Ihren Zorn nicht spüren würden, könnten Sie in einer Beziehung gefangen sein, ohne es zu merken. Und je stärker Ihre Freiheit beschnitten würde, umso mehr würde Ihr Herz erstarren und Ihre Liebe würde sterben. Aber wenn Sie wachsam und gesund sind, wird Ihr Zorn nicht zulassen, dass ein anderer Mensch Ihnen Ihre Freiheit stiehlt. Ihr Zorn würde aufstehen und fordern: „Lass den Gefangenen frei!"

Daher ist Zorn eine gute Sache, wenn er richtig eingesetzt wird. Er ist ein bisschen wie eine gute Armee. Sie bleibt „in Bereitschaft", bis sie gebraucht wird. Sie greift niemanden an, aber ist jederzeit bereit, das Land zu verteidigen.

Ein Vergleich, der mir im Blick auf Beziehungen und geistliche Dinge noch besser gefällt, ist das Immunsystem. Das Immunsystem Ihres Körpers beschützt das Gute und zerstört das Schlechte, genau wie es der Zorn tut. Wenn gefährliche Bakterien in Ihren Körper eindringen, schickt das Immunsystem sofort eine bestimmte Art Zelle, die sie umgibt. Es vergibt eine Markierung und nennt die Dinge beim rechten Namen. Anders gesagt: Es erkennt den Bazillus, entschlüsselt ihn, sagt den restlichen Zellen, wie er aussieht und was er vorhat. Danach macht es ihn unschädlich, damit er nicht Ihren gesunden Körper zerstören kann. Es beschützt Sie. Das Problem ist verschwunden, bevor es Sie krank machen oder umbringen kann.

Aber wenn Ihr Immunsystem schwach ist, dann breitet sich der Bazillus aus und Sie werden krank. Wenn Ihr Immunsystem versagt, wird statt der Krankheit Ihre Gesundheit zerstört. Oder es kann das gegenteilige Problem auftreten: Ihr Immunsystem wendet sich gegen sich selbst und wird zu einer Autoimmunkrankheit, die beginnt, Ihre gesunden Zellen zu bekämpfen und dadurch verhindert, dass Ihr Immunsystem die Krankheit bekämpft.

Zorn funktioniert genauso. Wenn er gesund ist, dann richtet er sich gegen den Bazillus, der Beziehungen zerstört, und kämpft, um Liebe, Verbundenheit, Freiheit, Intimität, Offenheit und viele andere gute Dinge zu beschützen. Wenn er funktioniert und es gibt ein Problem in der Beziehung, dann wird das Problem gelöst und niemand wird verletzt. Die Liebe gedeiht und bewegt sich voran. Das ist das gute Wesen des Zorns.

Aber wenn Zorn nicht richtig angewendet wird, tut er das, was das Immunsystem tut, wenn es versagt. Entweder ist er zu schwach und kann sich nicht wehren, dann wird die Beziehung krank. Oder der Zorn wendet sich gegen Sie und greift Sie an. Genau das passiert, wenn Menschen, die sich nicht für sich selbst einsetzen, statt des Problems sich selbst angreifen. Wenn jemand sagt: „Ich bin so dumm, ich hasse mich", bedeutet das normalerweise: Ich bin von jemandem verletzt worden, gegen den ich mich nicht wehren kann, und bin zornig auf mich selbst. Ungesund ist der Umgang mit Zorn auch, wenn wir total ausrasten, wo ein bisschen Zorn auch gereicht hätte. Wir sollten uns nicht in Wut versetzen lassen, wenn eine kleine Diskussion über das Problem ausreicht.

Das Geheimnis des Zorns besteht genau in dem, was der oben genannte Rat aus der Bibel sagt: „Zürnt, und sündigt dabei nicht. Die Sonne gehe nicht unter über eurem Zorn." Sie müssen „zürnen". Wenn Sie das Gute in Ihrem Leben schützen und bewahren wollen, müssen Sie Ihren Zorn spüren, um zu wissen, dass etwas falsch ist. Er ist Ihr Signal. Aber wenn Sie zornig sind, sündigen Sie nicht in der Art, wie Sie ihn anwenden. Hier sind einige Tipps:

1. *Seien Sie zornig ... und spüren Sie Ihren Zorn.* Das bedeutet, dass Sie sich Ihrer Gefühle bewusst sind, damit Sie wissen, wenn etwas falsch läuft.

2. *Nutzen Sie Ihren Zorn für etwas „Gutes".* Fragen Sie sich, ob die Sache, wegen der Sie wütend sind, es wert ist, geschützt zu werden. Manchmal nutzen wir Zorn, um schlechte Dinge zu beschützen, wie Stolz oder unseren Willen durchzusetzen. Stellen Sie sicher, dass Ihr Zorn gerecht und gerechtfertigt ist, dass da wirklich etwas ist, was beschützt werden sollte. Unser Stolz ist es nicht wert, beschützt zu werden, aber unsere Liebe ist es.

3. *Verlieren Sie nicht die Selbstbeherrschung* – tun Sie nichts Übereiltes. Reagieren Sie auch mit dem Kopf auf das Problem, nicht nur mit Ihren Gefühlen. Nehmen Sie sich Zeit und denken Sie darüber nach, was das wahre Problem ist und wie Sie es angehen wollen. Wenn nötig, sprechen Sie noch mit jemand anderem darüber. Tun Sie nichts, solange Sie noch am Kochen sind.

4. *Nutzen Sie den Zorn, um das Problem zu lösen.* Wenn Ihr Zorn gut und gerechtfertigt ist, dann nutzen Sie ihn, um das

Problem zu lösen, nicht um den anderen zu verletzen. „Sündigt dabei nicht" bedeutet, dass Sie niemanden verletzen, wenn Sie Ihren Zorn einsetzen. Seien Sie freundlich. Sprechen Sie sich gegen das Problem aus, aber für die andere Person: „Ich liebe dich, aber was du hier gemacht hast, gefällt mir nicht." So ist die Immunfunktion Ihres Zorns richtig eingesetzt. Er greift die Bakterien an, nicht den Körper. Sie greifen das Problem an, nicht das Herz des anderen.

Das sind die Schritte eines Umgangs mit Zorn, der dem Sinn dieser Emotion entspricht. Wenn Sie Ihren Zorn seinem Zweck entsprechend einsetzen, dann wenden Sie ihn an, um etwas Gutes in Ihrem Leben zu schützen oder zu erreichen, nicht um jemanden zu verletzen. Die Fähigkeit, zornig zu sein, haben wir nicht umsonst bekommen: Sie dient als eine Art Immunsystem unseres Beziehungslebens. Wenn Sie nicht auf Ihren Zorn hören und seine sinnvolle Funktion unterbinden, werden Ihre Beziehungen daran kranken (und letztlich auch Sie selbst) – so wie ein Problem, das man zu ignorieren versucht, zu einer umso ernsteren Infektion führt.

Unsere Beziehungen sind so gut wie unsere Fähigkeit zur Konfrontation

Menschen, die erfolgreiche Beziehungen führen, setzen ihren Zorn seinem Zweck entsprechend ein und sprechen Probleme direkt an. Sie verhalten sich so, wie es Punkt vier (s. o.) beschreibt, und werden aktiv, indem sie das jeweilige Problem direkt in Angriff nehmen. Eine solche Konfrontation, wenn sie erfolgreich ist, hat zwei Aspekte: Erstens: Man wird *initiativ*. Zweitens: Man handelt *lösungsorientiert*.

Initiativ sein bedeutet, dass man es nicht vor sich herschiebt, einen Streitpunkt anzugehen. Man wartet auch nicht darauf, dass der andere den Anfang macht. Und man wartet auch nicht so lange, bis das Problem so groß und giftig geworden ist, dass das Problem einen überwältigt statt umgekehrt.

Warten Sie also nicht darauf, dass der andere zu Ihnen kommt und warten Sie nicht, bis das Problem noch größer wird. Wenn es ein echtes, dauerhaftes Problem ist, ist es wie eine Infektion und wird nicht von selbst wieder verschwinden. Ich habe schon so oft Sätze wie diese gehört: „Sie hat doch das Problem mit mir, also muss sie auch zu mir kommen. Ich werde sie nicht anrufen. Es ist ihre Sache, den ersten Schritt zu tun." Vorsicht, Vorsicht! Hören Sie sich einmal an, was Jesus zu derartigen Beziehungskrisen zu sagen hat:

> So sollt ihr euch in diesen Angelegenheiten verhalten: Wenn ihr in ein Gotteshaus kommt, um ein Opfer zu bringen, und euch plötzlich einfällt, dass ein Freund wütend auf euch ist, dann brecht euer Opfer ab, verlasst sofort das Gotteshaus und geht zu eurem Freund, um die Sache in Ordnung zu bringen. Dann, und nur dann, kommt zurück und bringt die Dinge vor Gott in Ordnung.[12]

Die Botschaft ist eindeutig: Seien Sie initiativ und tun Sie alles, was Sie tun können, auch wenn der andere nicht auf Sie zukommt. Gottes Absicht für unser Leben ist nicht das totale Beziehungschaos. Ihm liegt vielmehr daran, dass alle unsere Beziehungen bereinigt und alle Probleme geklärt sind, soweit es in unserer Macht liegt. Sie können natürlich nicht beeinflussen, wie der andere reagiert. Aber Sie können die Dinge auf Ihrer Seite beeinflussen und alles in Ihrer Macht Stehende tun. Werden Sie initiativ. Rufen Sie an. Warten Sie nicht, bis das Problem noch größer wird.

Und es steckt hier noch mehr drin. Jesus sagt, dass wir auch dann die Initiative ergreifen sollen, wenn wir auf der anderen

Seite des Konflikts stehen und selbst verletzt wurden. Auch dann gilt: Tu den ersten Schritt. Warte nicht, bis er aufwacht und es begreift:

> Wenn ein anderer ... dich verletzt, geh hin und sag es ihm – bringt die Sache zwischen euch wieder in Ordnung. Wenn er dir zuhört, hast du einen Freund gewonnen.[13]

Wenn Sie also in Ihren Beziehungen und in Ihrem Leben Erfolg haben wollen, dann warten Sie nicht, bis die Probleme zu Ihnen kommen. Gehen Sie zum Problem.

Das gilt nicht nur im Bereich der Beziehungen, sondern auch bei geschäftlichen und persönlichen Problemen. Warten Sie nicht mit dem Anruf, der das Problem lösen kann. Erledigen Sie die schweren Anrufe zuerst und Sie werden zu den Erfolgreichen dieser Welt gehören. Die befassen sich mit den Dingen; sie vermeiden sie nicht.

Erfolgreiche Menschen befassen sich mit Problemen; sie ignorieren sie nicht.

Der zweite Aspekt erfolgreicher Konfrontation besteht darin, *lösungsorientiert* zu handeln. Das bedeutet, dass Sie ein Problem in der Weise angehen, die die beste Möglichkeit für ein gutes Resultat bietet. Ein gutes Resultat liegt vor, wenn das Problem gelöst und die Beziehung wiederhergestellt ist. Anstatt hinzugehen und den anderen zu vernichten, respektieren Sie die Person und stellen sich dem sachlichen Problem.

Hier einige Tipps dazu:

- *Schaffen Sie den Zorn vor einem Gespräch aus dem Weg.* Denken Sie daran: Ihr Zorn ist das Zeichen dafür, dass etwas nicht stimmt. Es ist das rote Blinklicht auf Ihrem Armaturenbrett. Er ist kein Werkzeug zur Problemlösung. Der Zorn lässt Sie wissen, dass etwas nicht stimmt, und damit ist seine Aufgabe erledigt. Er ist keine Hilfe bei der Kommunikation. Also lassen Sie die Lautstärke, das Schreien und Wüten woanders, bevor Sie zu dem anderen gehen und mit ihm reden. Die Bibel drückt es so aus: „Wird ein Dummkopf gekränkt, macht er seinem Ärger sofort Luft; der Kluge beherrscht sich, wenn er bloßgestellt wird."[14] Nutzen Sie stattdessen Freundlichkeit und Bestimmtheit als Ihre Werkzeuge.

- *Bestätigen Sie zuerst die Person und die Beziehung:* „Ich möchte mit dir über etwas reden, weil mir unsere Beziehung wichtig ist." Oder machen Sie eine bestätigende Äußerung, bevor Sie das Problem ansprechen.
- *Sagen Sie zuerst, was Sie erreichen wollen,* bevor Sie auf das Problem kommen: „Ich möchte darüber reden, damit wir uns näherkommen." Oder: „Ich möchte darüber reden, damit unsere Beziehung noch besser funktioniert."
- *Benennen Sie das Problem konkret. Und benennen Sie auch die Auswirkungen.* Verfahren Sie nach dem alten Muster: „Wenn du A tust, fühle ich B oder B passiert": „Ich möchte, dass Sie besser auf Pünktlichkeit bei Verabredungen achten, denn wenn Sie zu spät kommen, beeinträchtigt das meinen Terminkalender und ich habe dann später am Tag Schwierigkeiten mit weiteren Treffen."
- *Lassen Sie sich bestätigen, dass Sie dieselben Dinge verstehen:* „Wie haben Sie mich verstanden?"
- *Wenn nötig, erklären Sie noch einmal:* „Nein, ich sage nicht, dass Sie ein schlechter Assistent sind. Ich sage nur, dass Sie diese eine Sache ändern müssen."
- *Gegebenenfalls verabreden Sie ein weiteres Gespräch:* „Reden wir nächste Woche noch einmal darüber und schauen, wie es läuft." Oder „Was machen wir, wenn das wieder passiert?"
- *Beenden Sie das Gespräch* in einem Ton oder mit einer Bemerkung, die Ihren Gesprächspartner und die Beziehung *bestätigt.*

Ihr Erfolg in Beziehungen und im Leben wird genauso groß sein wie Ihre Fähigkeit, Probleme anzusprechen. Das macht wirklich Sinn, wenn Sie darüber nachdenken. Um Erfolg zu haben, muss man die Hindernisse, die ihm im Weg stehen, ausräumen. Wenn es ein Hindernis für größere Intimität in einer Beziehung gibt, wird die Intimität nicht erreicht werden, solange Sie sich dem Hindernis nicht stellen und es aus dem Weg räumen. Wenn dies auf eine gute Weise geschieht, wird sich der Erfolg einstellen.

Vermeiden Sie also weder Zorn noch Konfrontation nicht, wenn Sie in Ihren Beziehungen Erfolg haben möchten. Lassen Sie sich durch Ihren Zorn sagen, was falsch läuft, dann gehen Sie mit Güte und Klarheit an die Lösung. Und Sie werden den Beziehungserfolg erleben, den Sie sich wünschen.

Jeder von uns möchte spüren, dass sein Leben einen Sinn
hat: dass er einen sinnvollen Beitrag leistet und in dem,
was er tut, erfolgreich ist. Aber oft wissen wir nicht,
was wir tun sollen, wie wir es tun sollen oder wie wir
etwas zum Erfolg führen können. Die gute Nachricht ist:
Es gibt eine Bestimmung für Ihr Leben. Und Gott hat
die Geheimnisse preisgegeben, die Ihnen helfen,
Ihre Bestimmung zu finden und ihr entsprechend zu leben.
Die Geheimnisse, um die es auf den kommenden Seiten geht,
werden helfen, Ihrer Bestimmung auf die Spur zu kommen
und zu entdecken, wie Sie die Gaben, die Sie erhalten haben,
einsetzen können.

Es gibt eine Bestimmung für Ihr Leben

> Gott selbst ist ja in euch am Werk und macht euch nicht nur bereit, sondern auch fähig, das zu tun, was ihm gefällt.
>
> Philipper 2,13; NGÜ

Haben Sie sich schon einmal gefragt, warum Sie hier sind? Wirklich darüber nachgedacht, warum Sie auf dieser Erde sind? Es ist eine gute Frage. Wenn wir einem Freund unerwartet über den Weg laufen, fragen wir spontan: „Was machst du hier?" Es muss einen Grund dafür geben, also fragen wir.

Und keiner sagt: „Ach, nur so. Ich bin heute Morgen aufgewacht und war eben einfach hier im Einkaufszentrum. Kannst du mir sagen, warum ich hier bin?" Wenn jemand nicht gerade unter Amnesie leidet, weiß er, warum er gerade dort ist, wo er ist, und was er da tut.

Allerdings, und das ist erstaunlich, leiden wir als Menschen tatsächlich oft unter Amnesie. Denken Sie einmal darüber nach. Menschen finden sich einfach auf dieser Erde vor, wachen auf und stellen nie die Frage: „Was mache ich hier eigentlich?" Wenn Sie wirklich darüber nachdenken, ist das ziemlich unglaublich. Wir wissen mehr darüber, warum wir im Einkaufszentrum sind, als darüber, warum wir auf dieser Erde leben und was wir hier eigentlich wollen oder sollen.

Das „Nicht-Wissen", die Amnesie, hat verschiedene Ursachen. Eine davon ist, dass wir *vergessen* haben, dass wir eine Bestimmung haben. Die Menschheit hat sich im Großen und Ganzen von dem ursprünglichen Verständnis, dass Gott uns geschaffen und mit einer bestimmten Absicht auf diese Erde gesetzt hat, gelöst. Wir haben uns von Gott gelöst, und wir haben unsere Bestimmung vergessen. Jeder von uns, ganz persönlich. Amnesie. Wir sind eben hier aufgewacht und wissen nicht mehr, warum.

Ein anderer Grund ist der, dass uns so selten jemand fragt, was wir hier eigentlich machen. Wenn Ihre Freundin im Einkaufszentrum auf Sie zukommt und Sie fragt, antworten Sie. Ansonsten denken Sie nicht viel darüber nach, Sie erledigen einfach das, wozu Sie ins Einkaufszentrum gekommen sind. Und so ist es auch im Leben: Wenn keiner fragt, leben wir einfach unser Leben, ohne jemals über das Warum nachzudenken – wir laufen einfach ziellos durch das Einkaufszentrum. Die Wirklichkeit ist aber: Es gibt jemanden, der fragt. Wir sind nur zu beschäftigt, um es zu hören.

Und der dritte Grund: Da wir unsere Bestimmung nicht kennen, denken wir uns eine aus. Oder auch zwei oder mehrere, die sich mit den unterschiedlichen Phasen unseres Lebens ändern. Ich habe ja schon davon erzählt, dass ich zu wissen glaubte, worum es in meinem Leben gehen sollte, bevor ich mich ganz unten wiederfand. Und als mir meine Ziele zerronnen waren, war ich verloren. Andere Menschen verlieren ihre selbst gezimmerte Bestimmung nicht, sondern erfüllen sie sogar. Doch dann stellen sie fest, dass diese Ziele nicht groß genug sind, um ihnen ein erfülltes Leben zu geben. Selbstmordgefährdete Millionäre und drogensüchtige Schauspieler bestätigen das.

Dann stellen wir die Frage doch einfach: „Warum sind Sie hier?" Und ich gebe Ihnen einen Tipp, an wen Sie diese Frage richten sollten. Ich empfehle Ihnen nicht, dass Sie den aktuellsten Star aus den Klatschkolumnen nachahmen. Sie werden Ihre Bestimmung auch nicht finden, wenn Sie den besten Sportler der Saison als Vorbild nehmen. Sie müssen sich an den wenden, der Sie geschaffen hat. Ihren Schöpfer. Er ist der Grund, warum Sie hier sind. Und er hat für Ihr Leben eine Bestimmung.

Erkennt, dass der Herr unser Gott ist!
Er hat uns zu seinem Volk gemacht, ihm gehören wir!
Er sorgt für uns wie ein Hirte für seine Herde.[1]

Aus der Amnesie erwacht

Das Erste, was Sie über Ihre Bestimmung wissen sollten, ist: Gott ist der Grund für Ihre Existenz: „Erkennt, dass der Herr unser Gott ist." Das ist das Erste, was wir verstehen müssen, wenn wir unsere eigentliche Bestimmung finden wollen. Er ist der Grund dafür, dass es überhaupt etwas gibt. Wir haben uns nicht selbst erschaffen. Er hat uns geschaffen. Und weil er es tat, gehören wir nicht uns selbst. Wir sind „sein Volk". Seine „Schafe". Und wo immer wir uns herumtreiben, es ist seine „Weide". Um unsere Bestimmung zu finden, müssen wir zunächst verstehen, dass Gott uns erschaffen hat, damit wir zu ihm gehören.

Das Nächste ist: Es gibt eine Reihe von Gründen dafür, dass Gott Sie erschaffen hat. Erstens: Weil er eine Beziehung mit Ihnen haben möchte. Er hat Sie geschaffen, um Sie zu lieben. So wie Eltern, die sich für ein Kind entscheiden, es lieben, erziehen und mit ihm eine Beziehung haben. Es geht ihm vor allem darum, Liebe mit Ihnen zu teilen.

Es gibt noch einen Grund. Gott hat Sie nicht geschaffen, damit Sie tatenlos herumsitzen. Er hat Ihnen Gaben und Fähigkeiten gegeben. Er will, dass Sie diese Fähigkeiten so nutzen und erweitern, dass seine Absichten erfüllt werden, dass andere davon profitieren und dass Sie ein erfülltes Leben haben. Er möchte, dass Sie Ihr Leben in etwas investieren, das sich lohnt und Wert hat.

Er möchte, dass Sie ihm direkt dienen. Er will Sie als Freiwilligen in seiner Mannschaft, die das anpackt, was auf dieser Erde nötig ist. Er sagt, dass Sie seine Arme, Hände und Finger auf diesem Planeten – oder doch zumindest in Ihrer Nachbarschaft – sind. Wenn er jemanden mit Nahrung versorgen muss, will er Ihre Nummer wählen können und möchte sicher sein, dass Sie sich um die Sache kümmern. Er hat Ihnen das große Privileg gegeben, auf dieser Erde ganz bestimmte Dinge zu tun, zu denen er Sie befähigt hat.

Ihr Leben hat eine Bestimmung. Und der Schlüssel zu Ihrer Bestimmung liegt bei dem, der Ihr Leben geschaffen hat.

Und noch etwas – und das ist der Clou: Er möchte, dass Sie die ganze Sache genießen. Er hat Sie nicht als Sklaven geschaffen, der nur Plackerei vor sich hat. Viele Menschen meinen, wenn sie sich in den „Dienst" Gottes stellen, landen sie als Missionar auf dem nächsten Schiff Richtung Dschungel. Eine junge Mutter erzählte mir kürzlich im Blick auf die Erziehung ihrer drei kleinen Kinder: „Ich habe das Gefühl, dass ich genau das tue, wozu ich auf der Welt bin." Bingo. Sie hatte es gefunden und war nicht irgendwo im Dschungel gelandet. Andere sind dazu geschaffen, Basketball zu spielen. Oder Chirurg zu werden. Oder Zirkusclown. Oder ... was immer es ist, dass jemanden sagen lässt: „Ich tue genau das, wozu ich geschaffen bin. Ich weiß es."

Gott möchte, dass Sie es genießen, zu seiner Mannschaft zu gehören. Seine Sache zu betreiben, indem Sie Ihre Gaben einsetzen, das Leben feiern und sich daran freuen. Beim Prediger heißt es:

> So kam ich zu dem Schluss, dass es für den Menschen nichts Besseres gibt, als sich zu freuen und das Leben zu genießen. Wenn er zu essen und zu trinken hat und sich über die Früchte seiner Arbeit freuen kann, ist das allein Gottes Geschenk.[2]

Gott hat das Leben und die Arbeit geschaffen, damit wir beides genießen.

Der Schritt

Jetzt sind wir also wach und leiden nicht mehr unter Amnesie. Wie geht es jetzt weiter? Der alte Bibeltext aus dem Buch des Predigers gibt uns einen weiteren Hinweis, wenn er sagt, wir sollen essen und trinken und das Leben genießen. Er fügt noch hinzu:

> Doch das kann nur Gott schenken! Denn wer kann essen und genießen ohne ihn?³

Anders ausgedrückt: Wir sind eingeladen, unseren eigenen Einkaufsbummel im Einkaufszentrum zu beenden, und stattdessen das Wichtigste zuerst zu erledigen. „Ohne ihn" – ohne Gott – werden wir unsere Bestimmung nicht finden. Wir werden weiter herumlaufen und dabei nicht die Freude und die Erfüllung finden, die wir suchen. Das Wichtigste zuerst erledigen heißt: den ersten Schritt tun und unser Leben mit Gott in Verbindung bringen. Es für ihn öffnen und ihm erlauben, uns zu zeigen, wo er uns haben will: in der Basketballmannschaft, im Kindergarten, im OP oder in einem dunklen Dschungel.

Bevor Sie sich an der Vorstellung verschlucken, dass jemand anders darüber entscheiden soll, was Sie mit Ihrem Leben anfangen, sehen Sie es doch einmal so: Gott hat Sie geschaffen. Daher weiß er auch, wozu er Sie geschaffen hat. Er will das Beste für Sie und er will Sie so führen, dass Sie dieses „Beste" auch entdecken.

Erinnern Sie sich noch an meine Geschichte? Ich gehöre zu den Leuten, deren Pläne erst völlig scheitern müssen, bevor ich verstand, dass Gott es besser wusste und er mich an einen Platz führen konnte, an dem ich sein konnte, wozu er mich geschaffen hat. Vielleicht befinden Sie sich auch an diesem Punkt. Wenn es so ist, kann Gott für Sie dasselbe tun, was er für mich tat. Aber ich hoffe, dass Sie nicht in dieser Lage sind. Es geht Ihnen vielleicht ganz großartig bei Ihrer Runde durch das Einkaufszentrum. Dann haben Sie es noch einfacher. Nehmen Sie Gott mit ins Boot – und überlassen Sie ihm das Steuerruder. Und zwar nicht, weil Ihnen eine Wand den Weg versperrt. Sondern weil es einfach schlau ist, das zu tun. Es ist das Wichtigste, ganz egal, wo Sie sich gerade befinden, ob Sie gerade gewinnen oder verlieren. Gott kennt Ihre Bestimmung am besten.

Geben Sie Ihr Leben auf, und tauschen Sie es gegen seins ein. Es wird besser sein. Vielleicht nicht einfacher, aber vielleicht auch das. Das wird nicht wichtig sein. Es wird einfach besser sein. Ihr Leben könnte sogar genauso aussehen wie jetzt, nur dass jetzt nicht mehr Sie auf dem Chefsessel sitzen. Vielleicht wird sich von außen gesehen nichts ändern. Vielleicht werden sich einige Dinge ändern. Wie dem auch sei, wenn Sie Ihre wahre Bestimmung auf dieser Erde finden wollen, dann beginnt es damit, dass Sie mit dieser Frage zu Gott kommen. Er wird Ihnen das Leben zeigen, das Sie am tiefsten erfüllt. Das Leben, für das er Sie geschaffen hat. Aber um es zu finden, müssen Sie sich ihm überlassen. Nicht ängstlich. Sondern vertrauensvoll. Sie werden alles gewinnen.

Jesus sagt es so:

> Wer sich an sein Leben klammert, der wird es verlieren.
> Wer sein Leben aber für mich einsetzt,
> der wird es für immer gewinnen.[4]

Wenn Sie das tun, wenn Sie Ihr „Leben einsetzen", wird er Sie führen. Sie werden immer noch träumen und Visionen haben, womöglich mehr als vorher. Es wird eine Beziehung sein, in der Gott Ihnen hilft, die Dinge zu erreichen, für die Sie geschaffen wurden. Sie werden Pläne schmieden, die Ihren tiefsten Herzenswünschen entsprechen, und er wird Ihre Schritte führen. Er wird Ihr Hirte sein und Sie werden Ihren Spaß daran haben, auf seiner Weide herumzutollen. In den Sprüchen wird es so gesagt:

> Ein Mensch kann seinen Weg planen,
> seine Schritte aber lenkt der Herr.[5]

Sie werden träumen, und er wird führen. Und er wird auch Ihre Träume führen. Der Hirte wird Ihnen dabei helfen, die Bestimmung zu erfüllen, die er Ihrem Leben gegeben hat.

Die zwei großen Gebote

Als Jesus nach dem wichtigsten Gebot gefragt wurde, antwortete er: Liebe Gott mit deinem ganzen Herzen, deinem ganzen Verstand, deiner ganzen Seele und deiner ganzen Kraft. Und liebe deinen Nachbarn wie dich selbst.[6]

Eine sehr gute Zusammenfassung dieses Abschnitts über die Bestimmung unseres Lebens. Wir werden uns nun einige Wege ansehen, wie Sie Ihre Bestimmung, Träume und Ziele erfüllen können, wenn Sie Ihre Reise mit Gott beginnen. Aber alle kommen auf irgendeine Weise auf diese beiden Gebote zurück. Lieben Sie Gott mit allem, was Sie ausmacht, und Sie werden herausfinden, was Sie tun sollen und wie Sie es gut tun können. Und was immer es ist, tun Sie es auf eine Weise, durch die andere Liebe erfahren. Sie werden erleben, wie erfüllt Ihr Leben sein kann, wenn Gott Ihnen Ihr Leben auf eine Art und Weise zurückgibt, die Sie nie hätten schaffen können. Weil ... er der ist, der uns geschaffen hat.

Ihr Herz bestimmt den Kurs Ihres Lebens

> Vor allem aber behüte dein Herz,
> denn dein Herz beeinflusst dein ganzes Leben.
>
> SPRÜCHE 4,23; NL

„Sie erschaffen Ihr Leben durch Ihre Gedanken ...", sagt Rhonda Byrne in *The Secret – das Geheimnis*[7] und liegt damit teilweise richtig. Es stimmt: Vieles, was in unserem Leben und unseren Beziehungen passiert, *hat seinen Ursprung in unserem Herzen und unseren Gedanken*. Es ist also schon etwas Wahres an Byrnes Idee, dass wir unsere eigene Wirklichkeit erschaffen. In der jüdisch-christlichen Weltsicht ist die Macht, die das Universum lenkt, allerdings – anders als bei Byrne – letztendlich Gott und nicht unsere Gedanken. Außerdem kommt die Beziehung zwischen unseren Gedanken und unserer Realität nicht magisch zustande, weil das Universum auf die Wellenlänge reagiert, die von uns ausgeht. Wir sind keine Götter und das Universum hört nicht auf jede unserer Anweisungen. (Was würde wohl passieren, wenn Sie und ich beide den Wunsch nach demselben Parkplatz aussenden?) Ja, es gibt eine Beziehung zwischen unseren Gedanken und der Wirklichkeit. Aber diese Beziehung sieht eher so aus: *Wer wir in unserem Inneren sind, erschafft den Großteil unseres äußeren Lebens*. Das wusste schon der griechische Philosoph Heraklit, wenn er sagt: „Der Charakter eines Menschen ist sein Schicksal."

Die Gedanken und Wellen, die Tiger Woods in Bezug auf seinen Erfolg bei den US Open aussendet, werden ein ganz anderes Ergebnis hervorbringen, als meine es tun würden. Wie er in seiner inneren Welt über den nächsten Schlag nachdenkt, hat ihm viele große Siege eingebracht. Seine innere Welt findet ihren Weg nach außen; sie wird von der Vision zur Wirklichkeit. Aber es beginnt mit der Vision. Seine Vision – sein Nachdenken über das Gewinnen – begann in seiner Kindheit. Heute sehen wir die Früchte dieser Gedanken.

Sie können einen Baum an seinen Früchten erkennen

Die Bibel spricht viel darüber, wie unser Inneres die äußere Welt beeinflusst. Eines der Bilder, die in diesem Zusammenhang verwendet werden, ist das von einem Baum und seinen Früchten.

> Wie man einen Baum an seiner Frucht erkennt, so erkennt man Menschen an dem, was sie tun. Weintrauben kann man nicht von Dornbüschen und Feigen nicht von Disteln ernten. Ein guter Baum bringt gute Früchte und ein kranker Baum schlechte. Ein guter Baum wird keine schlechten Früchte tragen und ein kranker Baum keine guten.[8]
> Wie der Baum, so die Frucht! Ein guter Baum trägt gute Früchte, ein schlechter Baum trägt schlechte Früchte.[9]

Das entspricht ganz sicher auch Ihrer Lebenserfahrung. Ein guter Baum, ein Mensch mit einer gesunden Persönlichkeit, hat auch gesunde Beziehungen. Und jemand, der in seinem Inneren dysfunktional ist, hat in der Regel auch dysfunktionale Beziehungen.

Wer Sie in Ihrem Inneren sind, beeinflusst, wie Ihr Leben nach außen hin aussieht. Kürzlich habe ich einen Freund getroffen. Ich kenne ihn seit etwa zehn Jahren. Also lange genug, um auch seine Verhaltensmuster zu kennen. Er erzählte mir etwas über sein neuestes unternehmerisches Vorhaben. Er war so positiv. Er war so sicher, dass es diesmal etwas ganz Großes würde. Es klang gut, aber es gab ein Problem. Ich hatte ähnlich enthusiastische Äußerungen und Gewissheiten von ihm schon oft gehört, bei verschiedenen Geschäften, über Jahre hinweg. Und es war nie etwas daraus geworden. Er hat es nie geschafft. Warum? Gab es bei ihm einen Mangel an positivem Denken? Nein, es traf eher das Gegenteil zu. Er dachte zu positiv.

> *Wer Sie in Ihrem Inneren sind, beeinflusst, wie Ihr äußeres Leben aussieht.*

Dass er es nie geschafft hat, liegt daran, dass ihm einige wichtige Dinge „im Inneren seines Baumes", in seinem Charakter, fehlen, die die gewünschte Frucht hervorbringen würden. Das hindert ihn daran, den Erfolg zu erleben, den er sich wünscht. Wenn es irgendjemand anderes gewesen wäre, hätte ich wahrscheinlich in dieses Vorhaben investiert, weil es so zuverlässig und gut klang. Aber ich weiß viel über ihn und seinen Charakter – seinen Baum –, und ich wusste, egal wie gut das Geschäft oder die Gelegenheit ist, er wird einen Weg finden, dass es scheitert. So ist er einfach.

Es ist eines der größten Geheimnisse, die Gott uns verrät: *Mit das Beste, was Sie für sich selbst tun können, ist, daran zu arbeiten, wer Sie als Person sind.* Solange Sie das nicht tun, werden Sie immer Wege finden, die besten Jobs, die besten Beziehungen, die besten Möglichkeiten und einfach alles, was Ihnen über den Weg läuft, zu sabotieren. Nicht durch absichtliche Sabotage, aber die Art von Sabotage, die geschieht, wenn ein Mensch für eine Sache nicht bereit ist.

Woran liegt es, dass einige Menschen Erfolg nach Erfolg verbuchen und andere nur eine Niederlage nach der anderen einstecken? Es liegt sicher auch mit daran, zur richtigen Zeit am richtigen Ort zu sein, die richtigen Leute zu kennen usw. Aber die vorrangige Wahrheit ist doch: Wie unser Leben verläuft, das hat mehr damit zu tun, wer wir als Menschen sind, als mit den

Möglichkeiten, die sich uns bieten. Ich kenne Menschen, die auf Jahre gescheiterter Beziehungen zurückblicken und immer den oder die „Richtige" suchen. Sie kommen nie darauf, dass sie selbst erst der oder die Richtige werden müssen, bevor sie den oder die Richtige anziehen. Es kommt ihnen nicht in den Sinn, dass wir viele unserer Möglichkeiten selbst schaffen, auch wenn Gott und das Leben uns Möglichkeiten und „Chancen" bieten.

Das Gesetz von Saat und Ernte

Ein weiterer Weg, wie unser Herz über den Verlauf unseres Lebens entscheidet, ist das Gesetz von Saat und Ernte. Genau betrachtet, hat das Gesetz der Anziehung in *The Secret – Das Geheimnis* einige verblüffende Ähnlichkeiten mit diesem Gesetz, das Paulus so formuliert: „Was der Mensch sät, das wird er ernten."[10] Und so funktioniert es: Was Sie in sich hineinsäen, z. B. eine neue Fähigkeit fürs Berufs- oder Beziehungsleben, wird Ihnen helfen, im Beruf bessere Ergebnisse zu erzielen oder Ihre Beziehungen zu verbessern.

Sehen Sie sich um. Wer bekommt die guten Jobs oder macht Karriere? Normalerweise sind das die Menschen, die ihre Gaben, Erfahrungen und Fähigkeiten entwickelt haben. Sie haben „Karriereentwicklung" in ihr Leben gesät und daraus Gewinn gezogen. Wer zieht die „richtigen" Leute an und erlebt erfüllende Beziehungen? Es sind die Menschen, die ihre Beziehungsprobleme aufgearbeitet haben. Wer ist in der Regel gesund oder krank? Allgemein gesprochen ernten Leute, die einen gesunden Lebensstil gesät haben, Gesundheit und die, die einen ungesunden Lebensstil haben, ernten Krankheit. Es gibt einen Grund, warum Versicherungsgesellschaften die Menschen nach ihrem Lebensstil fragen und warum Banken die Kreditwürdigkeit überprüfen wollen. Nachvollziehbare Umstände einmal ausgenommen – die Persönlichkeit bestimmt den Kurs unseres Lebens. Hören Sie also auf, an einer unwirklichen Hoffnung festzuhalten. Fangen Sie stattdessen an, daran zu arbeiten, dass Sie zu einer Persönlichkeit werden, die positive Auswirkungen auf den Verlauf Ihres Lebens hat!

Gott und das Leben treffen Sie da, wo Sie sind

Eine weitere Dimension des Gesetzes von Saat und Ernte – und wiederum dem Gesetz der Anziehung sehr ähnlich – ist diese: In dem Prozess, in dem wir als Person wachsen und unsere Fähigkeiten erweitern, werden wir vor neue Gelegenheiten und Situationen gestellt, die genau unserem neuen Maß an Wachstum und Fähigkeiten entsprechen. Ich habe das immer wieder in meinem eigenen Leben erfahren und es auch bei anderen beobachtet. Wenn ich eine neue Fähigkeit erworben hatte oder mich in ein neues Gebiet wagte, öffnete Gott Türen, und die Gelegenheiten waren einfach da. Es gibt ein altes Sprichwort, das sagt: „Wenn ein Schüler bereit ist, wird sich ein Lehrer finden." Der Schlüssel zum Ganzen für Sie ist der: Seien Sie bereit, an sich selbst zu arbeiten, damit Gott Sie zum nächsten Schritt auf Ihrem Wachstumsweg führen kann. Wenn Sie bereit sind, wird sich der Schritt zeigen. Wenn Sie gesund sind, werden gesunde Beziehungen auftauchen. Wenn Sie neue Fähigkeiten erwerben, wird sich das neue Jobangebot finden. Gott leitet unsere Schritte. Wir ziehen das in unser Leben hinein, wofür wir bereit sind.

Wir ziehen das in unser Leben hinein, wofür wir bereit sind – und das können wir beeinflussen.

Immer wieder bestätigt die Bibel, dass Gott und das Leben darauf antworten, wo wir sind.[11] Manchmal wird er Sie genau mit dem herausfordern, was Sie brauchen, um den nächsten Schritt zu tun. Jakobus sagt sogar, dass wir uns darüber freuen sollen,[12] wenn wir Bewährungsproben gegenüberstehen, weil sie uns in unserem Wachstum weiterbringen. Manchmal bringen Herausforderungen oder Schwierigkeiten positive Veränderungen in uns hervor, die uns auf zukünftige Gelegenheiten vorbereiten. Mit Herausforderungen und Schwierigkeiten meine ich nicht Missbrauch, üble Behandlung durch andere oder Schicksalsschläge, die Menschen passieren. Das sind keine Erziehungsmaßnahmen, sondern Nöte, die Sie weder verursacht haben noch für Ihr Wachstum brauchen. Aber manchmal lässt Gott es zu, dass wir andere Schwierigkeiten durchleben müssen, damit unser Charakter wächst. Es ist eine Art Training. Wenn Sie die nächste Ebene erreichen wollen, müssen Sie die Lehren aus der gegenwärtigen Situation annehmen. Sonst müssen Sie die Klasse wiederholen.

Was in Ihrem Herzen ist, bestimmt, wer Sie sind

Untersuchungen haben gezeigt, dass es möglich ist, den zukünftigen akademischen Erfolg von Fünfjährigen vorauszusagen, indem man neben dem IQ bestimmte Charaktereigenschaften bei der Bewertung mit berücksichtigt. Bei der Langzeitbeobachtung bis in die Oberstufe und darüber hinaus hat sich gezeigt, dass es nicht der Intelligenzquotient war, der den Erfolg vorhersagte, sondern ihre Fähigkeit, die Befriedigung von Bedürfnissen zurückzustellen. Die Kinder, die ihren Wunsch nach Bedürfnisbefriedigung als Fünfjährige zurückstellen konnten, übertrafen in der Oberstufe oder später Kinder, die klüger waren als sie, aber diese Charaktereigenschaft nicht besaßen.

Eine andere Untersuchung hat gezeigt, dass Optimismus ein sichererer Hinweis auf Erfolg im Verkaufsgeschäft ist als branchenübliche Eignungstests. Wenn Sie in Ihrem Herzen und Ihrem Denken pessimistisch eingestellt sind, wird Ihr Leben ganz anders verlaufen als das eines Menschen mit einer positiven Einstellung. In einer Übersetzung von Sprüche 4,23 heißt es: „Achte auf deine Gedanken und Gefühle, denn sie beeinflussen *dein ganzes Leben!*"[13]

Nicht nur die Bibel, auch das Leben zeigt uns, dass es unsere Persönlichkeit ist, an der sich entscheidet, was für ein Leben wir „anziehen". Hier nur eine sehr kleine Auswahl aus vielen Bibelstellen, die sehr deutlich sagen: Was in uns steckt – unser Charakter, unser Herz, unser Verstand, unsere Seele – bestimmt zu einem hohen Grad, was in unserem Leben passiert. Die Zusammenhänge sind erstaunlich klar:

> Umsichtige Worte sorgen für ein umsichtiges Leben,
> achtloses Gerede kann alles verderben.[14]

> Egal, wie viel du willst – Faulheit wird da nicht weiterhelfen, aber harte Arbeit wird sich lohnen, sodass du mehr als genug bekommst.[15]

> Unglück verfolgt die Unheilstifter;
> Glück belohnt alle, die das Rechte tun.[16]

Während Sie also in Ihrer Persönlichkeit wachsen, werden Gott und das Leben Ihr Wachstum belohnen. Sie werden neue Möglichkeiten bekommen und offene Türen finden. Die folgende Liste nennt einige Dinge, die mit dem „Inneren des Baumes" zu tun haben. Sie können daran arbeiten, um Ihr Herz auf ein Leben vorzubereiten, das genau Ihrer Bestimmung entspricht:
- Gewinnen Sie Selbstvertrauen
- Überwinden Sie Angst
- Erwerben Sie neue Fähigkeiten
- Erwerben Sie Weisheit und Wissen
- Üben Sie Beharrlichkeit und Durchhaltevermögen ein

- Ändern Sie Ihre Einstellung zum Versagen
- Befreien Sie sich von Bitterkeit
- Hören Sie auf, Schuld zuzuweisen
- Hören Sie auf, sich als Opfer zu sehen
- Wachsen Sie in Ihrer Fähigkeit, Konflikte zu riskieren
- Überwinden Sie den Drang, andere zu beherrschen
- Lernen Sie, mit Ihrem Zorn angemessen umzugehen
- Lernen Sie, Nein zu sagen
- Entwickeln Sie Ihre Beziehungsfähigkeit
- Arbeiten Sie alte Verletzungen und traumatische Erfahrungen auf
- Überwinden Sie Depressionen
- Überwinden Sie Abhängigkeiten oder zwanghaftes Verhalten
- Überwinden Sie impulsives Verhalten
- Geben Sie das Wunschdenken auf

Wenn Sie am „Inneren des Baumes" arbeiten, an der Charakterbildung, werden Sie feststellen, dass sich als Ergebnis das äußere Bild zu verändern beginnt. Die Richtung Ihres Lebens nimmt Gestalt an, indem Ihr Inneres sich mehr und mehr dem angleicht, was Gott für Sie im Sinn hat.

Wir sind nicht alle gleich

> Wir haben ganz verschiedene Gaben,
> so wie Gott sie uns in seiner Gnade zugeteilt hat.
>
> RÖMER 12,6; GN

Die Forschung hat bestätigt: Wenn Menschen das tun, worin sie gut sind, erzielen sie bessere Ergebnisse als wenn sie etwas tun müssen, worin sie nicht gut sind. Eine Binsenweisheit. Seit langer Zeit, schon seit den Tagen der Bibel, wissen wir, dass wir nicht alle gleich sind. Wir haben unterschiedliche Talente und Fähigkeiten. Und wir haben diese Talente in unterschiedlichem Maße. Herauszufinden, welche Fähigkeiten wir haben, ist einer der Schlüssel zu einem sinnerfüllten Leben.

Schweine mit Bestimmung

Herauszufinden, worin Sie gut sind – oder wo Sie eine natürliche oder von Gott gegebene Begabung haben, etwas gut zu machen –, ist ein wichtiger Schlüssel, um den Sinn Ihres Lebens zu bestimmen. Ein altes Sprichwort sagt: „Du kannst einem Schwein nicht das Singen beibringen. Es frustriert das Schwein und die Musik ist schlecht." Häufig versuchen wir, Dinge zu tun, die nicht im Einklang mit unserer Leidenschaft und unseren Talenten sind. Und das Ergebnis ist schlechte Musik und Unzufriedenheit. Aber stellen Sie ein Schwein an die richtige Stelle, und es wird erfolgreich sein, solange es nicht singen muss.

Das ist natürlich eine alte Erkenntnis der Menschheit. Heutzutage wird sie von der Wissenschaft gestützt. Heutzutage geben

Unternehmen Millionenbeträge aus, um die Leute anzuwerben, die gut in dem sind, was eine ausgeschriebene Stelle erfordert. Und dann stellen sie sicher, dass die neuen Mitarbeiter auch ihre Zeit mit den Dingen verbringen, in denen sie gut sind. Wissenschaftliche Tests geben Firmen Instrumente an die Hand, mit denen sie herausfinden können, wo die Begabungen der Bewerber liegen und wo nicht.

Der Grund dafür liegt genau in dem, was schon Paulus sagt: Gott hat den Menschen unterschiedliche Gaben gegeben: Fähigkeiten, Talente, Intelligenz, Fertigkeiten und Ähnliches.[17] Wir sind alle verschieden, und die besten Unternehmen haben Mitarbeiter, die ihre Zeit in ihre Gaben investieren und nicht in ihre Schwächen. Viele Untersuchungen haben gezeigt, dass Unternehmen und Einzelpersonen ihr Bestes geben, wenn Menschen das tun, worin sie gut sind, und die Dinge vermeiden, die sie nicht gut können.

Selbstfindung – durch die Augen Ihres Schöpfers

Die Schlüssel, die Sie brauchen, um herauszufinden, wer Sie nach Gottes Absichten sein sollten, finden Sie zum Beispiel im Römerbrief, Kapitel 12 – und auch an anderen Stellen in der Bibel. In diesem aufschlussreichen Abschnitt finden wir wichtige Schritte auf dem Weg, herauszufinden, was Gott für uns geplant hat:

1. *Stellen Sie sich Gott zur Verfügung* (Vers 1). Die Bibel spricht davon, dass Gott in Sie investiert hat – und nicht zu knapp. Stellen Sie sich ihm deshalb zur Verfügung, er hat einen Plan für Sie, der darauf abgestimmt ist, wie er Sie gemacht hat. Fragen Sie Gott, wer Sie nach seinem Willen sein sollen und was Sie tun sollen. Er wird es Ihnen zeigen. Legen Sie dann Ihre Ziele fest und arbeiten Sie ihm zu. „Vertraue Gott deine Pläne an, er

wird dir Gelingen schenken."[18] Fangen Sie mit ihm an. Er hat Sie mit Erfolgsabsichten geschaffen.

2. *Passen Sie sich nicht der Welt an. Lassen Sie sich nicht zu einem Menschen machen, der Sie nicht sind* (Vers 2). Wenn Sie zulassen, dass andere Menschen, kulturelle Zwänge, Ihre Familie oder sonst jemand Sie verbiegen und zu einem Menschen machen, der Sie nicht sind, werden Sie nie herausfinden, wozu Gott Sie eigentlich geschaffen hat. Stattdessen empfiehlt Vers 2, sich von Gott ausrichten zu lassen. Integrieren Sie Gottes Wege in Ihr Denken, wie wir es in diesem Buch schon häufiger gehört haben, und Sie werden Ihr wahres Selbst finden.

Sich nicht anzupassen bedeutet: Nein sagen zu den Definitionen, die andere Menschen für Sie haben, zu den Erwartungen, wie Sie sein und was Sie tun sollten. Auf den Rat von Menschen zu hören, die Sie kennen, ist natürlich wichtig. Aber manchmal versuchen Eltern, Familie, Freunde usw. Sie so zu formen, wie sie es sich vorstellen, statt Ihnen dabei zu helfen, der Mensch zu werden, als den Gott Sie geschaffen hat. Passen Sie sich nicht an, seien Sie uneinsichtig, damit Sie sein können, der Sie sein sollen – Sie selbst.

3. *Überschätzen Sie sich nicht* (Vers 3). Sie werden nie herausfinden, wer Sie sind, wenn Sie eine zu hohe Meinung von sich oder unrealistische Erwartungen an sich selbst haben. Das heißt nicht, dass Sie keine großen Träume haben dürfen. Natürlich dürfen Sie. Aber beginnen Sie realistisch, dort, wo Sie gerade sind. Wenn Sie eines Tages Geschäftsführer sein möchten, ist das gut. Aber jetzt sollten Sie erst einmal der beste Mitarbeiter sein, dann der beste Abteilungsleiter, dann der beste stellvertretende Direktor sein. Die ganze Leiter hindurch. Niemand fängt ganz oben an. Seien Sie bescheiden, gewissenhaft und tun Sie auf dem ganzen Weg Ihr Bestes. Die großen Posten bekommen Sie, wenn Sie sich auf den kleinen bewiesen haben.

Wenn Ihre Erwartungen an sich selbst zu hoch sind, sind Sie

versucht zu glauben, Sie müssten vollkommen sein und könnten sich nicht den kleinsten Fehler erlauben. Das ist der Todeskuss für den Erfolg. Erfolg beinhaltet *immer* auch Misserfolge auf dem Weg dorthin. Also erwarten Sie nicht von sich, perfekt zu sein oder keine Fehler zu machen. Nehmen Sie Ihre Schwächen und Fehler an, lernen Sie aus ihnen, und dann setzen Sie Ihren Weg fort. Seien Sie nicht zu hart zu sich selbst, das wird Sie nur daran hindern, herauszufinden, wer Sie wirklich sind.

4. Setzen Sie Ihre Gaben im Maße des Glaubens ein, den Gott Ihnen gegeben hat (Verse 6-8). Sie sollten zwar keine unrealistischen Erwartungen an sich selbst haben. Aber zugleich sollen Sie das, was Sie an Fähigkeiten bekommen haben, auch einsetzen. Wir werden uns später noch ausführlicher damit beschäftigen. Aber Sie werden nie herausfinden, wer Sie sind, wenn Sie nicht losgehen und Dinge ausprobieren. Probieren, probieren, probieren. Sie entdecken Ihre Vorlieben und Gaben durch Erfahrungen. Gehen Sie los und finden Sie heraus, wie gut Sie sind, was Sie mögen, was Sie nicht mögen und was Realität ist. Wir wissen es, nachdem wir es ausprobiert haben, nicht vorher.

> *Sie werden nie herausfinden, wer Sie sind, wenn Sie nicht losgehen und Dinge ausprobieren.*

5. Holen Sie sich Rückmeldungen von Beratern und Mentoren. Die besten Künstler der Welt lassen sich trainieren und verlassen sich auf Berater. In den Sprüchen heißt es sehr weise dazu:

> Weise guten Rat zurück und du wirst deine Pläne scheitern sehen.
> Nimm guten Rat an und du wirst den Erfolg sehen.[19]

Wir brauchen andere – nicht, damit sie uns formen und festlegen, aber um unsere Gaben herauszufinden und uns zu bestätigen. Fragen Sie Menschen, denen Sie vertrauen, nach Ihren Stärken und wie sie Sie einschätzen. Aber achten Sie darauf, dass diese Menschen Sie kennen und wissen, wovon sie reden. Und achten Sie auch darauf, dass diese Menschen nicht versuchen, Sie zu etwas zu machen, was Sie nicht sind.

Bitten Sie Gott um Führung und Wegweisung. Er hat versprochen, dass er beides geben will. Mir gefällt, wie der Psalmist dies ausgedrückt hat:

> Führe mich und lehre mich, nach deiner Wahrheit zu leben, denn du bist der Gott, der mich rettet. Auf dich hoffe ich zu jeder Zeit.
> Wie steht es mit dem Menschen, der den HERRN ernst nimmt? Der HERR wird ihm den Weg zeigen, den er gehen soll. Es wird ihm gut gehen und seine Kinder werden das ganze Land besitzen.[20]

Gott wird Ihnen Ihre wahren Gaben und Fähigkeiten zeigen, wenn Sie ihm vertrauen.

6. Hören Sie auf Ihr Herz. Gott hat jeden Menschen mit ganz eigenen Gaben und Fähigkeiten geschaffen. Sie wissen, was Sie gern tun und was nicht. Was Ihnen Energie schenkt und was Sie erschöpft. Was macht Sie lebendig? Schenkt Ihnen Freude und Energie? Je mehr Zeit Sie damit verbringen können, desto besser. Aber manchmal ist es nicht möglich, unsere Vorlieben und unseren Beruf zu verbinden. Dann werden Sie einen Weg finden, Ihre Leidenschaft auf andere Weise auszuleben. In welcher Situation Sie sich auch befinden: Setzen Sie alles daran, dass Sie das, was Ihnen wirklich am Herzen liegt, in Ihrem Leben gestalten, umsetzen. Entweder in Ihrer Arbeit oder in der Freizeit, im Ehrenamt, im Einsatz für andere. Paulus war Zeltmacher und Jesus Zimmermann. Aber wir wissen, dass beide ihre eigentliche Berufung außerhalb dieser Berufe verwirklicht haben.

Ihre Gaben zu entdecken, ist ein Schlüssel, um Ihre Bestimmung zu erfüllen. Wenn Sie das tun, was Sie zutiefst ausmacht, wenn Sie verwirklichen, was Sie wirklich sind, wird Ihr Leben aus Ihrem Herzen fließen. In Sprüche 16,9 heißt es: „Der Mensch plant seinen Weg, aber der Herr lenkt seine Schritte." Finden Sie Ihr Herz, erkennen Sie, wozu Sie begabt sind. Und dann setzen Sie Ihre Prioritäten richtig: Setzen Sie die Verbindung zu Gott an die erste Stelle und an die zweite Ihr Bemühen, zu leben, was und wer Sie sind, sei es in Ihrem Beruf oder in ehrenamtlichen Tätigkeiten oder Hobbys. Sie werden Erfüllung finden.

Was Sie einsetzen, wird wachsen

Wer das, was ihm anvertraut ist, gut verwendet,
dem wird noch mehr gegeben, und er wird im Überfluss
haben. Wer aber untreu ist, dem wird noch das wenige,
das er besitzt, genommen.

MATTHÄUS 25,29; NL

Ich vermute einmal, dass einer Ihrer Arme besser entwickelt ist als der andere. Warum? Weil Sie einen mehr benutzen als den anderen. Sie setzen ihn mehr ein, und das Ergebnis sind kräftigere Muskeln. Je mehr Sie ihn nutzen, desto stärker wird er. Schauen Sie sich bei Gelegenheit mal die Beine von Tänzern an, dann wissen Sie, was ich meine. Was Sie nutzen, wächst.

Das Gesetz: „Was Sie einsetzen, wird wachsen"

Bekommen Sie langsam ein Gespür dafür, dass Gott sich etwas dabei gedacht hat, als er das Universum so schuf, wie er es schuf? Dass es wirklich einige Gesetze gibt, die nicht nur solche Dinge wie Schwerkraft und Bewegung regeln, sondern auch Gesetze, nach denen unser Leben insgesamt funktionieren kann. Gesetze wie das *Gesetz von Saat und Ernte* und auch das *Gesetz der Anziehung,* wie wir es definiert haben.

Im Matthäus-Evangelium erzählt Jesus ein Gleichnis – eine Geschichte von drei Mitarbeitern, denen ihr Chef einen Teil seines Geldes anvertraut, während er geschäftlich unterwegs ist. Der Chef erwartet von jedem, dass er das Geld während seiner Abwesenheit investiert, es gut einsetzt, damit er eine gute Rendite erhält, wenn er zurückkommt. Zwei Mitarbeiter legen das Geld an und erwirtschaften einen annehmbaren Profit. Diese Männer profitieren von dem Gesetz „Was Sie einsetzen, wird wachsen". Sie haben verstanden, dass das, was man investiert – von sich selbst, von seinem Leben –, was man einsetzt und gebraucht, wächst. Aber das, was man nicht verwendet, wird vertrocknen und versteinern. Der Chef ist von ihren Erfolgen so angetan, dass er ihnen noch mehr Verantwortung überträgt. Dem dritten Mitarbeiter allerdings ergeht es nicht so gut.

Das Gesetz: „Wer nicht wagt, der nicht gewinnt"

Wenn wir uns den dritten Mann in der Geschichte von Jesus ansehen, wird uns ein weiteres Gesetz des Lebens vorgestellt. Es ist eng verwandt mit dem Gesetz *Was Sie einsetzen, wird wachsen*. Und es wirkt ebenso zuverlässig wie die anderen Gesetze, die wir uns angesehen haben. Das alte Sprichwort: *„Wer nicht wagt, der nicht gewinnt"* könnte direkt aus dieser Geschichte stammen. Als der dritte Mann aufgefordert wird, Rechenschaft über das anvertraute Geld abzulegen, spielt sich folgende Unterhaltung ab:

> „Herr, ich weiß, du bist ein strenger Mann, der erntet, was er nicht gepflanzt hat, und sammelt, was er nicht angebaut hat. Ich hatte Angst, dein Geld zu verlieren, also vergrub ich es in der Erde. Hier ist es."
> Aber der Herr erwiderte: „Du böser, fauler Diener! Du hältst mich für einen strengen Mann, der erntet, was er nicht gepflanzt hat, und der sammelt, was er nicht angebaut hat? Du hättest wenigstens mein Geld zur Bank bringen können, dann hätte ich immerhin noch Zinsen dafür bekommen. Nehmt diesem Diener das Geld weg und gebt es dem mit den zehn Beuteln Gold."[21]

Eines fällt mir an dieser Geschichte immer wieder auf: In den Bereichen, in denen wir Angst haben, tun wir am wenigsten.

Wir verstecken uns, um uns zu schützen, und gehen eben nicht los und probieren etwas. Wir wagen nichts, wir gehen keine Risiken ein. Aber wir könnten durchaus herausfinden, dass wir Fähigkeiten oder Möglichkeiten in diesen Bereichen haben, wenn wir es nur probieren würden. Wir könnten auch feststellen, dass sie sich vermehren, wenn wir sie einsetzen. Die beiden, die in der Geschichte belohnt wurden, haben das, was ihnen gegeben wurde, genommen und etwas damit getan. Sie haben sich hineininvestiert.

Aber wenn wir Angst haben, werden wir uns so verhalten wie der Dritte. Wir sehen, was alles schiefgehen könnte, und wir werden noch ängstlicher. Wir versuchen vielleicht, die Schuld für unser Nichthandeln anderen zuzuschieben, der Firma, dem Chef, der Wirtschaft, dem Kunden. Wir wollen die Schuld auf irgendetwas schieben, nur nicht auf unsere eigene Untätigkeit.

Eine Geschichte von den zwei Geschäftsleuten

Vor Kurzem traf ich einen Mann wieder, der schon seit Langem davon spricht, sich beruflich zu verändern und seine Träume zu verwirklichen. Aber er scheint immer eine Ausrede zu haben, warum noch nichts passiert ist. Er geht nie los und probiert etwas. Er wollte etwas mit Immobilien machen, aber es gab immer einen Grund, den Schritt nicht zu tun – buchstäblich jahrelang. Dieses Mal sagte er: „Du kannst so etwas nicht machen, wenn du nicht viel Geld hast. Und ich habe einfach nicht genug zum Investieren und loszulegen." (Ach, ich Armer.)

Dann, kurz nach diesem Gespräch, traf ich mich mit einem Freund zum Mittagessen. Er erzählte mir von seinem Unternehmen, das jetzt ein paar Jahre alt ist und ihm Grund zum Feiern gibt. Es ist jetzt Millionen wert, und all seine Anstrengungen haben sich bezahlt gemacht. Und hier kommt das Interessanteste: Als er damit begann, war er gerade bankrott! Er hatte nicht nur kein Geld, er hatte auch nicht die Möglichkeit, sich Geld zu leihen.

Aber was er nicht hatte, waren die Ängste des anderen Mannes, seine Unentschlossenheit, seine Schuldzuweisungen, seine Ausreden und all die anderen Gründe, die er hatte, um nicht loszugehen und etwas in Bewegung zu setzen. Er fand ein Projekt, ging los und suchte Investoren und brachte es zum Erfolg. Er brauchte nicht viel Geld, um Geld zu verdienen. Er brauchte nur seine große Gabe, Geschäftsideen einzuschätzen, einzusetzen und alles zusammenzubringen. Es ist besser, bankrott zu sein und die richtige Einstellung zu haben, statt kreditwürdig zu sein, aber im Schlamm der eigenen Opfermentalität festzustecken.

In den Bereichen, in denen wir Angst haben, tun wir am wenigsten.

Beide, mein Freund und der Bekannte, waren pfiffig, beide hatten ausreichend Gelegenheit und Zugang zu Informationen, Märkten und Ähnlichem. Beide hatten die Fähigkeit, Geschäfte abzuschließen. Der Unterschied bestand darin, dass der eine das nahm, was er hatte, und loslegte, und der andere nicht. Der erfolgreiche Mann investierte sich selbst in der realen Welt und erzielte reale Ergebnisse.

Etwas zum Erfolg bringen

Dieses Gesetz gilt in jedem Lebensbereich. Wenn Sie eine erfolgreiche Beziehung wollen – bringen Sie sich ein, und sie wird wachsen. Wenn Sie nichts in die Beziehung investieren, wird sie nicht wachsen. So einfach ist das. Meckern Sie nicht nur über den anderen, sondern bringen Sie die Dinge von Ihrer Seite aus zum Wachsen. Die Auswirkungen werden sich in der Beziehung zeigen. Wenn Sie wollen, dass Ihre Kinder erfolgreich sind – investieren Sie in sie und es wird sich auszahlen.

Um den Sinn und die Bestimmung Ihres Leben zu finden und herauszufinden, wie Sie Gott und den Menschen dienen können, müssen Sie es genauso machen. Hören Sie auf zu fantasieren – graben Sie Ihre Gaben aus und nutzen Sie sie. Wenn Sie das tun, wird das *Gesetz der Vermehrung* greifen und die Dinge werden beginnen zu wachsen.

Die Magie der Vermehrung

Investitionen sind nicht linear. Sie sind multiplikativ. Wenn Sie Ihr Geld einsetzen und die Profite und Dividenden investieren, werden Sie die Magie des Zinseszinses erleben. Das geschieht auch, wenn Sie Ihre Gaben und Fähigkeiten einsetzen. Sie wagen sich in einen Bereich, bringen sich ein. Und in dem Maße, in dem Sie besser werden, werden Sie größere Gelegenheiten erhalten, die Ihnen noch mehr bringen. Aber es kommt alles darauf an, den ersten Schritt zu tun.

Was ist der erste Schritt für Sie?

Ich unterhielt mich einmal im Flugzeug mit einem Mann. Er erzählte mir von seiner Schwiegermutter – ein ausgezeichnetes Beispiel für das Gesetz der Vermehrung. Er erzählte, dass sie mit achtzig Jahren noch Schauspielerin geworden war. Das war immer ihr Traum gewesen, und dann hatte sie ihn in die Tat umgesetzt. Langsam bekam sie mehr und mehr Rollen und ist jetzt in vielen Filmen und Fernsehserien zu sehen gewesen. Und alles kam daher, dass sie losging. Auch an einem Punkt in ihrem Leben, an dem andere aufgeben. Aber sehen Sie sich das

Ergebnis an! Sie ließ sich nicht von Ausreden oder davon, was möglich ist oder nicht, aufhalten. Sie ging los.

Verabschieden Sie sich von dem Gedanken, Sie müssten mit Ihrem ersten Schritt die ganze Welt erobern. Tun Sie einfach einen kleinen Schritt. Aber tun Sie ihn! Niemand verlangt, dass Sie sich einen ganz anderen Beruf suchen. Aber wenn Sie eine besondere Leidenschaft für irgendetwas haben, warum rufen Sie dann nicht die nächste Volkshochschule an und belegen einen Kurs? Warum suchen Sie sich nicht einen Trainer und meistern die Sportart, von der Sie schon so lange träumen? Große Träume werden nicht durch große Schritte Realität, sondern durch unzählige kleine. Wie würden Sie einen Elefanten essen? Einen Bissen nach dem anderen. Wie bauen Sie an einer Karriere? Indem Sie Ihre Fähigkeiten ausgraben und einen kleinen Schritt nach dem andern tun. Wie kommen Sie zu einem erfüllenden Hobby? Mit einer kleinen Lektion nach der anderen oder einem kleinen Kurs oder einem kleinen Versuch. Setzen Sie Ihre Gaben ein – und sie werden sich vermehren.

Was immer Sie einsetzen, wird wachsen. Was Sie nicht nutzen, verkümmert. Ihre Bestimmung wartet auf Sie.

> *Große Träume werden nicht durch große Schritte Realität, sondern durch unzählige kleine.*

Ganzer Einsatz bringt reale Ergebnisse

> Bei allem, was [Hiskia] tat, um den Tempeldienst zu ordnen und dem Gesetz wieder Geltung zu verschaffen, fragte er nach dem Willen des Herrn, seines Gottes, und diente ihm von Herzen. Darum schenkte der Herr ihm Erfolg.
>
> 2. CHRONIK 31,21

Als der Koch sagte, dass es Eier mit Schinken zum Essen geben würde, reagierten das Schwein und das Huhn sehr unterschiedlich. „Ich glaube, du verstehst es nicht richtig", sagte das Schwein zum Huhn. „Für mich bedeutet das eine ganz andere Art von Einsatz als für dich." Und so ist es. Das Schwein muss alles geben, damit diese Mahlzeit zustande kommt.

Haben Sie schon einmal darüber nachgedacht, was Ihre „Eier mit Schinken" sind? Wo sind Sie das Schwein? Welche Dinge in Ihrem Leben fordern Ihr „ganzes Herz"? Was wollen Sie unbedingt erreichen und sind deshalb bereit, sich mit allem, was Sie sind, dafür einzusetzen? Die Dinge, die wir unbedingt erreichen wollen, erfordern unseren ganzen Einsatz. Wenn wir den nicht geben, verpfuschen wir sie oder verwirklichen nicht das ganze Potenzial, das darin liegt. Das gilt für unsere Beziehungen, unsere Geschäftsabschlüsse, unsere Karriere, unser persönliches Wachstum und ganz besonders auch für unsere Beziehung zu Gott. Wo wir uns einsetzen, sehen wir Erfolge.

Ganzer Einsatz führt zu reicher Ernte

Ein Freund von mir ist ein Herz- und Gefäßchirurg. Er ist führend in seinem Bereich. Er gehört nicht nur zu denen, die die neusten Techniken anwenden, er entwickelt sie sogar. Er ist einer dieser Chirurgen, die diese wahnsinnigen Operationen durchführen, bei denen das Blut aus dem Körper entfernt und die Körpertemperatur gesenkt wird, um den Stoffwechsel außer Kraft zu setzen. Dann werden die Gefäße repariert, das Blut wieder zugeführt und der Patient aufgewärmt. Völlig abgefahren, „bevor es Mode wurde", wie man so sagt. Er ist sehr erfolgreich in seinem Beruf. Aber das haben Sie sich wahrscheinlich schon gedacht. Er war im Wohnheim an der Uni mein Zimmernachbar. Ich erinnere mich noch daran, wie er sich für das Medizinstudium entschied. Es war eine Art Wirbelsturm mit ganz klarer Zielrichtung.

Er hatte zunächst Betriebswirtschaft als Hauptfach, aber in seinem zweiten Studienjahr beschloss er, auf das medizinische Vorstudium umzusatteln. Er setzte sich mit allem, was er hatte, dafür ein. Stand jeden Morgen um 5 Uhr auf, um seine Lücken in den Naturwissenschaften zu schließen, machte Merkkärtchen, um Formeln für organische Chemie zu lernen, saß bis spät abends über seinen Büchern, während die anderen auf Partys gingen. Im Sommer arbeitete er im Krankenhaus, um seinen Lebenslauf für die Bewerbung zum Medizinstudium aufzuwerten. Er las in seiner Freizeit Medizinbücher und so weiter und so weiter. Man konnte einfach sehen, dass er mit ganzem Herzen dabei war. Und die Früchte dieser Ernsthaftigkeit kann man heute sehen.

Der göttliche Funke in Ihnen

Es ist viel Großartiges daran, dass wir nach dem Bild Gottes geschaffen sind.[22] Ein Aspekt ist, dass er uns die Fähigkeit gegeben hat, Dinge zu *wollen* und sie auch durchzuführen. In meinen Augen ist das etwas ganz Besonderes. Bei Gott ist es so, dass das, was er „will" oder sich wünscht, letztendlich auch passiert. Und warum? Ganz abgesehen von der Tatsache, dass er die Fähigkeit dazu hat, liegt es daran, dass er es von ganzem Herzen will. Sie sehen keine unfertigen Sachen durch das Universum schwirren, zu denen er einfach nicht gekommen ist, weil sein Herz nicht daran hing. Was er wünscht, wünscht er sich mit allem, was er ist, und er lässt es geschehen. Und hier ist das Geheimnis: Auch wenn Sie nicht die Allmacht Gottes haben, haben Sie doch die Fähigkeit, Dinge geschehen zu lassen – wenn Sie sich Dinge wünschen, die mit seinem Willen übereinstimmen und bei denen Sie mit ganzem Herzen dabei sind. Weil Sie etwas vom Wesen Gottes in sich tragen. Sein Ebenbild sind.

Aber wenn wir in unserem Tun und unseren Vorhaben halbherzig sind, werden wir auch nur halb so weit kommen – wenn überhaupt.

Halbherzige Ergebnisse

Ich erhielt einen Anruf von einer Frau, die versuchte zu entscheiden, ob sie mit ihrem Freund zusammenbleiben sollte. Sie sagte, dass es eine „ernste" Beziehung sei und dass sie darüber nachdächten, zu heiraten. Sie sagte auch, dass sie ihn sehr liebe und dass sie schon seit mehreren Jahren zusammen seien. Als ich sie fragte, wo denn das Problem läge, sagte sie mir, dass sie herausgefunden hatte, dass er sie betrogen hatte. Sie fühlte nicht, dass sie ihm wichtig sei. Sie fühlte sich, als ob ihm seine

Arbeit wichtiger sei als sie. Sie war entmutigt, denn sie wollte mehr von ihm, als er gab.

Dann sagte sie etwas Interessantes: „Aber ich weiß, dass er mich liebt."

Dagegen konnte ich nichts sagen. Aber es gab etwas, was ich sagen konnte. Und ich wusste, dass es richtig war. „Vielleicht tut er das, aber wollen Sie nicht jemanden, der Sie von ganzem Herzen liebt?"

Da machte es klick. Sie sah, dass sie nur „halbherzige" Liebe erhielt und dass das nie ausreichen würde. Und sie traf eine Entscheidung. Warum? Weil halbherzige Ergebnisse niemals Erfüllung bringen werden.

Wenn wir in unseren Vorhaben halbherzig sind, werden wir auch nur halb ans Ziel kommen.

Eine andere Anruferin kämpfte damit, ob sie ihrem Mann wieder vertrauen könnte, nachdem seine Sexsucht ihre Beziehung zerstört hatte. Er sagte, dass er das nicht mehr ausleben würde, dass es ihm leidtäte und dass er sich ganz für ihre Beziehung einsetzen würde. Aber sie stand vor einem Dilemma: „Wie kann ich wissen, ob ich ihm vertrauen kann? Ich will es wissen, aber wie finde ich es heraus?"

Ich sagte ihr, dass diese Quälerei nicht nötig sei. Immer entscheiden zu müssen – sich vor und zurück zu bewegen, immer zu fragen – sei für sie nicht gut.

Deshalb fragte ich sie: „Glauben Sie, dass Boris Becker die Leute überreden musste, ihm zu vertrauen, dass er Tennis spielen kann?" Natürlich nicht. Die Menschen vertrauen ihm, weil sie ihn spielen sehen. Und bei ihrem Mann ist es das Gleiche. Was sie von ihm brauchte, war seine Ernsthaftigkeit bei der Suche nach Heilung. Ich erklärte es ihr so: „Sehen Sie, wenn es Ihrem Mann mit seinem Versprechen ernst ist, werden Sie es nicht herausfinden müssen. Sie werden es sehen. Er wird zu seinen Treffen gehen, zu seinem Therapeuten. Er wird seine Probleme aufarbeiten, gesund leben usw. Er wird so wild darauf sein, seine Sucht zu überwinden, dass Sie ihn gar nicht drängen, ermahnen oder sich Gedanken über ihn machen müssen. Wenn Sie das sehen, dass er selbst die Initiative ergreift, um sein Problem in den Griff zu bekommen und die Beziehung zu Ihnen zu intensivieren, was haben Sie dann noch zu entscheiden? Sie werden es wissen. Die Ernsthaftigkeit wird es für Sie entscheiden."

Von ganzem Herzen – so funktioniert's!

Und wenn er auf diese Weise um seine Ehe kämpft, wird er Erfolg haben. „Sucht, und ihr werdet finden! Klopft an, und euch wird die Tür geöffnet!"[23] Aber halbherzige Anstrengungen führen nirgendwohin.

Wenn Sie sich nur mit „geteiltem Herzen" für das einsetzen, was Sie „eigentlich" wollen, werden Sie auch nur Teilergebnisse erhalten. Wenn Sie nicht mit ganzem Herzen dabei sind, werden Sie anfangen und wieder aufhören, Sie werden aufgeben, wenn es Schwierigkeiten gibt, Sie werden nicht den erforderlichen Einsatz erbringen, und Sie werden wohl auch nicht das Vertrauen der Menschen gewinnen, deren Unterstützung Sie brauchen. Wenn Sie also etwas wirklich wollen, wenn Sie etwas so sehr wollen, dass Sie die Sache verfolgen, dann gehen Sie daran, mit allem, was Sie haben.

Wie es funktioniert

Im Mittelpunkt des Geschehens steht Gott. Mir gefällt die Beschreibung von Hiskia, die am Anfang dieses Kapitels steht, ganz besonders: „Er fragte nach dem Willen des Herrn, seines Gottes, und diente ihm von Herzen. Darum schenkte der Herr ihm Erfolg."²⁴ Und auf diesen beiden Schienen ruhte sein Erfolg: (1) Er fragte nach Gottes Willen und (2) er diente ihm von ganzem Herzen in allem, was er tat. Wenn Sie sich so verhalten, werden Sie auf derselben Schiene unterwegs sein.

Wenn Sie gute Ergebnisse haben wollen – in Ihrer Beziehung zu Gott, zu anderen, Ihrem Partner, Ihren Kindern oder sonst jemandem –, dann müssen Sie Ihr Herz drangeben. Ihr ganzes Herz. So funktioniert es. Wenn Sie gute Ergebnisse im Sport, im Beruf haben oder eine Fähigkeit erwerben wollen, wenn Sie von einer Abhängigkeit oder einem emotionalen Problem frei werden wollen, dann müssen Sie Ihr Herz drangeben. Ihr ganzes Herz. So funktioniert es.

Die „Großen" im Leben geben sich ganz daran, im Bauernfrühstück mit Schinken und Eier der Schinken zu sein. Spitzensportler setzen alles für ihren Sport ein. Menschen mit glücklichen Familien spielen nicht nur Mutter und Vater, Frau und Mann. Sie geben sich ganz in die Beziehungen hinein. So funktioniert es. Und das Gute daran ist: Es funktioniert *wirklich*.

Was hindert uns?

Wenn Erfolg daraus resultiert, dass man sich mit ganzem Herzen einsetzt, warum tun wir es dann nicht? Hier sind einige Gründe:

- *Angst vor dem Versagen.* Sie wollen gewinnen, aber Sie haben Angst zu versagen, deshalb geben Sie nicht alles.
- *Verletzungen aus der Vergangenheit,* die Ihre Leidenschaft blockieren. Sie tragen alten Schmerz mit sich herum und finden nicht die Energie, etwas Neues anzugehen.
- *Entmutigungen aus der Vergangenheit.* Sie haben schon mal eine Abfuhr bekommen oder verloren. Deshalb fühlen Sie sich

schon als Verlierer, bevor Sie überhaupt angefangen haben. Daher sind Sie nicht mit ganzem Herzen dabei.
* *Gemischte Motive.* Sie wollen das Ziel, aber Sie wollen es nicht nur um des Zieles willen, sondern auch noch aus einem anderen Grund. Deshalb sind Sie nicht mit ganzem Herzen dabei, Ihr Ziel zu verfolgen; ein Teil Ihres Herzens schielt auch auf etwaige „Nebeneffekte" wie den Ruhm, den Status oder etwas anderes, das nicht Ihr eigentliches Ziel ist.
* *Unklarheit über das Ziel selbst.* Sie wollen es, aber Sie wollen etwas anderes auch noch, oder Sie wollen es und gleichzeitig wollen Sie es auch nicht.
* *Sie sind nicht frei.* Sie wollen Ihr Ziel verfolgen, aber Sie werden davon weggezogen, weil jemand anders über Ihre Zeit und Ihre Energie bestimmt.
* *Sie fühlen sich unzulänglich.* Sie haben nicht genug Selbstvertrauen und das hindert Sie daran, von ganzem Herzen voranzugehen.
* *Unvereinbare Wünsche.* Sie wollen zwei Sachen gleichzeitig, die nicht miteinander vereinbar sind. Sie wollen z. B. einen Ehepartner und eine Familie und gleichzeitig wollen Sie Ihre Freiheit und die alleinige Verfügungsgewalt über Ihre Zeit und Ihr Leben.
* *Unklarheit über Ihre Herzenswünsche.* Sie haben noch nicht entdeckt, was Sie dazu bringen könnte, der Schinken zu werden.

Der ganze Einsatz einer Frau

Jesus hat einmal ein Gleichnis von einer Frau erzählt, die alles daransetzte, ihr Recht zu bekommen. Für ihn war es ein Beispiel dafür, wie wir uns Gott nähern sollten:

> In einer Stadt lebte ein Richter, dem Gott und die Menschen gleichgültig waren. Tag für Tag bestürmte ihn eine Witwe mit ihrer Not. „Verhilf mir doch endlich zu meinem Recht!" Immer wieder stieß sie bei ihm auf taube Ohren, aber schließlich sagte er sich: „Mir sind zwar Gott und die Menschen gleichgültig, aber diese Frau lässt mir einfach keine Ruhe. Ich muss ihr zu ihrem Recht verhelfen, sonst wird sie am Ende noch handgreiflich."[25]

Das war ihr Schinken. Diese Frau setzte alles daran, um von dem Richter zu bekommen, was sie brauchte. Mit Beharrlichkeit und Eifer verfolgte sie bei ihm ihre Sache, und letztlich gab er ihr, was sie wollte, nur um sie loszuwerden. Anderen auf die Nerven zu gehen ist nicht das einzige Mittel, um zu bekommen, was wir brauchen. Aber Jesus lobt die Beharrlichkeit dieser Frau.

Was ist Ihr Schinken? Was wollen Sie so sehr, dass Sie sich so beharrlich dafür einsetzen würden wie diese Frau? Oder wie mein Freund, der Chirurg? Wenn Ihr Herzensanliegen nicht im Konflikt damit steht, Gott zum Mittelpunkt Ihres Lebens zu machen, und wenn Sie es von ganzem Herzen verfolgen, dann wird sich niemand fragen müssen, ob man Ihnen anvertrauen kann, was Sie so sehr ersehnen. Nicht einmal Gott.

Wir schließen mit den mächtigsten Geheimnissen
von allen ab – den Geheimnissen über Gott selbst.
Sie haben ihn auf jeder Seite dieses Buches gesehen.
Nun werden wir ihn noch näher betrachten.
Dieser Gott, der Sie und das gesamte Universum geschaffen
hat, fühlt sich zutiefst zu Ihnen hingezogen. Sie sind ihm
so wichtig, dass er sogar den Himmel verlassen hat
und ein Mensch wie wir wurde.
Er will auf eine sehr reale und sehr persönliche Weise
zu Ihnen in Beziehung treten. Und um das zu tun,
hat er uns einige seiner Geheimnisse eröffnet.
Damit wir ihn – und das Leben – so erfahren können,
wie es eigentlich gedacht war.

Geheimnisse Gottes

Gott sucht eine Beziehung zu Ihnen

> Herr, du durchschaust mich, du kennst mich durch und durch. Ob ich sitze oder stehe – du weißt es, aus der Ferne erkennst du, was ich denke. Ob ich gehe oder liege – du siehst mich, mein ganzes Leben ist dir vertraut. Schon bevor ich rede, weißt du, was ich sagen will.
>
> PSALM 139,1-4

John Gottman ist einer der führenden Ehe- und Beziehungsexperten. Er hat unzählige Videobänder mit Aufzeichnungen davon, wie Paare miteinander umgehen. Und aus diesen Aufzeichnungen hat er ermittelt, welche Faktoren dazu führen, dass eine Partnerschaft Bestand hat, und welche eher eine Trennung wahrscheinlich machen. Aufgrund seiner Untersuchungen kann er mit 91-prozentiger Genauigkeit voraussagen, welche Paare sich trennen werden, wenn er beobachtet hat, wie sie miteinander umgehen. Das ist ziemlich beeindruckend. Aber wenn Sie lesen, worauf seine Vorhersagen beruhen, beginnt alles Sinn zu machen. Hier ist ein Beispiel.

Paare, die er beobachtet, reden häufig nicht über die dramatischen oder weltbewegenden Themen, sondern über scheinbar bedeutungslose Alltäglichkeiten. Gottman bemerkt dazu:

> Sie meinen vielleicht, dass mich das stundenlange Ansehen solcher Szenen unendlich langweilt. Das Gegenteil ist der Fall. Wenn Paare so miteinander Belanglosigkeiten austauschen, kann ich ziemlich sicher sein, dass sie weiterhin glücklich verheiratet bleiben werden. Was in diesen kurzen Unterhaltungen passiert, ist, dass Mann und Frau miteinander in Verbindung treten. Sie wenden sich einander zu. Bei Paaren, die sich später scheiden lassen oder unglücklich miteinander sind, kommen solche

Augenblicke der Verbindung selten vor. Meistens blickt die Frau noch nicht einmal von ihrer Zeitschrift hoch. Und wenn sie es doch tut, dann nimmt der Mann nicht wahr, was sie sagt.[1]

Es sind nicht die Gipfelerlebnisse, die eine langfristige Beziehung schaffen, sondern diese Verbundenheit von Moment zu Moment, die daraus erwächst, dass man sein Leben miteinander teilt. Das ist häufig ein Schlüssel zu dauerhaften Beziehungen jeder Art.

Und das ist genau das, was auch Gott von uns möchte. Er kann uns sämtliche Gipfelerlebnisse der Beziehung zu ihm geben, die er sich wünscht. Und manchmal tut er das auch. Die meisten glaubenden Menschen können von ein oder zwei Situationen berichten, in denen sie Gott auf außergewöhnliche Weise begegnet sind. Aber sie werden vermutlich gleich dazu sagen, dass diese Situationen seltene Ausnahmen sind. Der Rest ihrer Beziehung zu Gott besteht aus den kleinen, tagtäglichen Verbindungen, diese Art Alltagskram-Gespräch, die Gottman in glücklichen Ehen beobachtet. Indem Sie einfach mit Gott über die Dinge sprechen, die Ihnen auf dem Herzen liegen und die Sie beschäftigen, wird Ihre Beziehung zu ihm stärker und tiefer.

Der Schöpfer des Universums möchte Sie anziehen

Was für eine erstaunliche Vorstellung! Der Schöpfer des Universums möchte eine enge Beziehung zu Ihnen. Er begehrt Sie, er möchte Sie anziehen, Sie in seine Nähe locken. Er möchte, dass Sie ihm Ihre Gedanken, Gefühle, Sorgen, Träume, Ängste, einfach alles mitteilen. Hier nur eine kleine Auswahl an Bibelstellen, die davon sprechen, was Gott für uns empfindet.

Er kennt Sie. Die ersten Verse von Psalm 139, die am Anfang dieses Kapitels stehen, reden davon, dass Gott Ihnen seine volle

Aufmerksamkeit schenkt. Er kennt Sie sehr persönlich. Er kümmert sich um Sie, wenn Sie sich hinsetzen und aufstehen, wohin Sie auch gehen, wenn Sie sich schlafen legen. Er interessiert sich für alles, was Sie tun, die großen und die kleinen Dinge.

Er sorgt für Sie. Im 1. Petrusbrief lesen wir: „Ladet alle eure Sorgen bei Gott ab, denn er sorgt für euch."[2] Und in den Psalmen heißt es: „Überlass alle deine Sorgen dem Herrn! Er wird dich wieder aufrichten."[3]

Er will, dass Sie ihn „Vater" nennen. Eigentlich sogar „Papa". Dies ist einer meiner Lieblingsverse über Gottes Liebe zu uns, denn „Abba" ist der Ausdruck für „Papa", nicht das formelle Vater oder salopp Paps, sondern der liebevolle, innige Ausdruck Papa.[4] Gott – der große Gott, der den Kosmos erschuf – ist wie ein Papa, der sich darüber freut, wenn seine Kinder alles, was sie erleben und was sie beschäftigt, mit ihm teilen. Denn er kennt Sie durch und durch und Sie liegen ihm am Herzen.

Er möchte, dass Sie bei ihm „bleiben", sich in dieser Beziehung verwurzeln. Das bedeutet, eins mit ihm zu sein in einer innigen Liebesbeziehung, so wie Jesus mit Gott eins ist: „Wie mich der Vater liebt, so liebe ich euch. Bleibt in meiner Liebe!"[5] Das griechische Wort, das mit „bleiben" übersetzt ist, bedeutet „verweilen" oder „wohnen". Es geht nicht um einen „Check in" bei Gott – einmal in der Woche, wenn's hoch kommt. Auch nicht um einen Hilferuf, wenn wir Probleme haben. Es geht darum, bei ihm zu wohnen, mit ihm zu leben, bei ihm zu sein – jederzeit. Das ist die Art Beziehung, die er mit uns haben will.

Es zieht Gott zu uns

Der Gott der Bibel ist nicht irgendein weit entfernter Richter oder ein zorniger Rächer alles Bösen. Er ist ein Vater, der möchte, dass wir, seine Geschöpfe, alles mit ihm teilen und dass wir enger mit ihm verbunden sind als mit sonst irgendjemandem.

Wir würden Rhonda Byrnes Thesen in *The Secret – Das Geheimnis* darin zustimmen: Es gibt im Universum eine starke Anziehungskraft. Aber die Anziehung, um die es in *The Secret* geht, ist eine unpersönliche Kraft in einem unpersönlichen Universum. Das Universum ist gleichgültig. Es interessiert sich nicht für Sie – oder für irgendetwas. Es ist einfach nur da. So etwa wie die Macht in *Krieg der Sterne*, aber noch nicht einmal so persönlich. Sogar die Macht ist etwas, das „mit Ihnen" sein kann. Aber in einem unpersönlichen Universum gibt es gar kein „mit".

Gott, die Mitte des Universums, unterliegt einer Anziehung – er ist unweigerlich hingezogen zum Menschen.

Der Gott, von dem die Bibel berichtet, ist dagegen *höchst persönlich*. Er interessiert sich für uns. Und er ist unweigerlich zu uns hingezogen. Er *sehnt sich* geradezu nach einer Verbindung zu uns. Also seien Sie bei ihm. Reden Sie mit ihm – über die alltäglichen Belanglosigkeiten. Darüber, was Sie denken, fühlen, wollen oder nicht wollen. Reden Sie mit ihm über Ihre Enttäuschungen oder die Dinge, die Sie witzig finden. Reden Sie mit ihm, wenn Sie Angst haben oder versuchen, Klarheit zu gewinnen. Mir geht es so: Wenn mich etwas beschäftigt – eine Beobachtung, mit der ich nicht klarkomme, ein Mensch, eine Situation, etwas an mir selbst –, dann rede ich mit Gott: „Gott, hilf mir, hier klarzusehen", oder „Gott, zeig mir, was hier wichtig ist." Und dann lasse ich es los. Und sehr oft, manchmal auch erst nach langer Zeit, kommt eine Antwort.

Suchen Sie diese Nähe zu ihm. Denn nur so können Sie eine erfüllende Beziehung führen – und es ist eine Beziehung, die Jesus mit einer großen Verheißung verbindet:

> Wenn ihr aber fest mit mir verbunden bleibt und euch
> meine Worte zu Herzen nehmt, dürft ihr von Gott erbitten, was ihr wollt; ihr werdet es erhalten.[6]

Je mehr wir „eins" mit ihm werden, desto mehr wird auch unser Wollen dem Wollen Gottes entsprechen. Und wenn das geschieht, wird das, was wir wollen, auch das sein, was er für uns im Sinn hat. Und es wird geschehen.

Antworten Sie doch auf Gottes sehnlichen Wunsch: Ihnen nah zu sein. Sie werden entdecken: Es kann Sie glücklich machen.

Gott ist für Sie, nicht gegen Sie

> Er freut sich und jubelt über dich,
> er erneuert seine Liebe zu dir,
> er jubelt über dich und frohlockt,
> wie man frohlockt an einem Festtag.
>
> ZEFANJA 3,17; EÜ

Wussten Sie, dass Gott glücklich ist, wenn es Ihnen gut geht? Genau wie ein Vater will, dass es seinen Kindern gut geht, will Gott das auch für Sie. Das ist übrigens einer der Gründe, warum es so viel Sinn macht, ihm zu vertrauen. Erinnern Sie sich: Vertrauen – der Schlüssel zu allen anderen Geheimnissen. Um ihm vertrauen zu können und sich darauf verlassen zu können, dass er Ihre Herzenswünsche erfüllt, müssen Sie glauben, dass *Gott für Sie ist, nicht gegen Sie*. Und das bedeutet, dass er tatsächlich *etwas Gutes* für Sie im Sinn hat.

Eine neue Perspektive

Untersuchungen zeigen, dass der Erfolg von Menschen ganz stark von ihrer Perspektive abhängt, davon, wie sie die Welt sehen. Und auch davon, wie sie Gott sehen. Schauen Sie sich um, und Sie werden feststellen, dass das stimmt. Menschen, die glauben, dass Gott für sie ist, gehen mutige Schritte, um ihre Vorhaben und Ziele zu verwirklichen. Aber Menschen, die glauben, dass Gott oder das Leben gegen sie sind, halten sich zurück. Sie haben immer Angst, den nächsten Schritt zu tun und kommen nicht von der Stelle.

Ein neue Art von Zukunft

Haben Sie schon einmal das Gefühl gehabt, gegen den Strom zu arbeiten? Sie haben vielleicht versucht, die nächste Stufe der Karriereleiter zu erklimmen, und es hat den Anschein, als stelle sich Ihnen ein Hindernis nach dem anderen in den Weg, und Sie kommen einfach nicht vom Fleck. Oder Sie hatten früher einen Lehrer oder einen Trainer, bei dem Sie einfach nichts richtig machen konnten.

Für manche Menschen ist es so, als ob sich das Leben gegen sie stellt und jeden Augenblick bereit ist, dafür zu sorgen, dass gute Dinge nicht Wirklichkeit werden. Vielleicht finden Sie sich in einigen dieser Szenarien wieder:

Nicht nur Sie selbst wollen, dass in Ihrem Leben gute Dinge passieren. Gott will es auch.

- Sie waren wirklich sehr an jemandem interessiert, es gab auch eine kurze Freundschaft, aber der oder die andere hat die Beziehung abgebrochen. In Ihnen stieg ein Gefühl auf wie: „Ich werde nie eine gute Partnerschaft erleben. Das gelingt nur anderen Menschen, aber nicht mir."
- Sie stecken schon seit Längerem in einem emotionalen Problem, einem Verhaltensproblem oder einer Abhängigkeit fest und glauben, dass es nie besser werden wird.
- Sie haben ein Ziel oder einen Traum, den Sie verwirklichen wollen, aber aus irgendeinem Grund klappt es nicht, egal, was Sie machen.

Es gibt viele Gründe, warum Menschen in derartigen Denkmustern stecken bleiben. Manchmal legt unsere Lebenserfahrung den Schluss nahe, dass es eine Illusion ist, auf etwas Gutes zu hoffen. Unsere Träume haben sich in der Vergangenheit nie verwirklicht, und warum sollte das morgen anders sein? Wir wollen ein anderes Leben, aber wir haben Probleme damit, zu glauben, dass es Wirklichkeit werden kann. Und das ist allzu verständlich ... *es sei denn* ... *es sei denn, dass da jemand ist, der möchte, dass Sie es schaffen.* Jemand, der den Wunsch und die Macht hat, es für Sie möglich zu machen.

Die Bibel sagt, dass das genau das ist, was Menschen erleben, die eine Verbindung zu Gott aufgenommen haben. Er ist für Sie, er will, dass Ihnen gute Dinge passieren. Und er hat die Macht, um etwas dafür zu tun.

Wenn Sie wissen, dass Gott für Sie ist, werden Sie in der Lage sein, sich jedem Hindernis oder Versagen kraftvoll entgegenzustellen. Sie werden sich auf ihn verlassen, sogar wenn es so aussieht, als ob alles verloren ist oder jemand gegen Sie ist.

Sie müssen eins wissen: Sie sind nicht allein mit Ihrem Wunsch, Gutes zu erfahren. Gott hat denselben Wunsch für Sie – vielleicht sogar noch viel stärker. Er wird nie etwas tun, um Ihnen zu schaden. Alles, was er tut, wird hilfreich und gut für Sie sein.[7]

Gott möchte, dass Sie Erfolg haben

Zwei Dinge, zu denen Gott Sie besonders befähigt hat, sind: *andere Menschen zu lieben* und die *Gaben und Fähigkeiten*, die er Ihnen gegeben hat, in seinem Sinn einzusetzen. Wenn er sich die Mühe gegeben hat, Sie gerade so zu erschaffen, wie er es tat, dann möchte er auch, dass Sie damit Erfolg haben. Es ist sein Entwurf, und er wird nicht gegen sich selbst arbeiten.

Wir alle wünschen uns gute Beziehungen, und wir alle wollen unsere Gaben und Fähigkeiten so einsetzen, dass wir damit einen Beitrag zum größeren Ganzen leisten. Gott hat uns mehr als genug Gelegenheiten gegeben, genau das zu tun. Er hat uns alle möglichen Beziehungen gegeben, in denen wir es einüben können, einander zu lieben, einander zu dienen. Und er hat dem Menschen alle Arbeit dieser Welt anvertraut, damit wir sie erledigen. Indem wir die Liebe und die Gaben, die er in uns hineingelegt hat, sinnvoll einsetzen, erfüllen wir seine Absichten. Was er uns gegeben hat, kann verschiedene „Fruchtsorten" hervorbringen: geistliche, materielle, beziehungsrelevante und andere mehr.

Die Bibel sagt es so:

> Gott hat etwas aus uns gemacht: Wir sind sein Werk,
> durch Jesus Christus neu geschaffen, um Gutes zu tun.
> Damit erfüllen wir nur, was Gott schon im Voraus für
> uns vorbereitet hat.[8]

Werk bedeutet „das Produkt eines geschickten Handwerkers". Anders gesagt, Sie sind ein handgearbeitetes Unikat Gottes, des Meisters, der Sie für seine besonderen Absichten gemacht hat. Wenn Sie in den Dingen erfolgreich sein wollen, die sich mit seinen Absichten für Sie decken, dann können Sie sicher sein, dass Ihre Sehnsüchte nicht nur ein Haufen eitler Wünsche bleiben, sondern dass es die Absichten sind, die Gott mit Ihnen hat, Absichten, die er selbst in Sie hineingelegt hat.

Wenn ein Fußballverein einen neuen Spieler anwirbt, dann will er, dass dieser Spieler erfolgreich ist. Wenn Sie zu Gottes Mannschaft gehören, dann will Gott, dass Sie Erfolg haben. Er hat Sie nicht geschaffen, damit Sie am Sinn Ihres Lebens vorbeileben. Er will so sehr, dass Sie erfolgreich sind, dass er Ihnen ganz aktiv bei den Dingen hilft, die Sie tun sollen. Machen Sie ihn zu Ihrem Lebensmittelpunkt, und er wird Ihnen geben, was Sie sich wünschen:

> Freue dich über den Herrn, er wird dir alles geben,
> was du dir von Herzen wünschst.[9]

Viele Menschen haben das Gefühl, dass Gott kritisch auf sie herabsieht, weil sie Träume und Wünsche haben, und dass er nichts für sie tut. Das stimmt einfach nicht. Gott sehnt sich danach, uns unsere Herzenswünsche zu erfüllen, wenn wir nach seinem Willen leben. Wenn Sie in irgendeinem Bereich Erfolg haben wollen, dann müssen Sie wissen: Gott ist auf Ihrer Seite.

Was bedeutet es, wenn es nicht funktioniert?

Was ist, wenn Sie wirklich versuchen, das zu tun, was Gott will, und in Verbindung mit ihm zu leben, und Ihre Träume sich dennoch nicht erfüllen? Heißt das, dass Gott nun doch nicht auf Ihrer Seite ist? Oder dass er vielleicht doch nicht mächtig genug ist, Ihnen zu helfen? Nein, beides trifft nicht zu. Einer der folgenden Punkte könnte ein Grund dafür sein:

Manchmal wollen wir etwas, was für uns nicht das Beste ist. Wir glauben, dass es „Gottes Wille" ist, aber in Wirklichkeit würde uns das, was wir uns wünschen, schaden. Wenn Sie Kinder haben, wissen Sie, dass es Dinge gibt, die sich Ihre Kinder wünschen, auch wenn sie nicht gut für sie sind. Und wenn Sie dann Nein sagen, tun Sie das, weil Sie die Interessen Ihres Kindes wahren. Den Wunsch nicht zu erfüllen ist das Beste, was Sie für Ihr Kind tun können. Deshalb liegt ein Grund dafür, warum es manchmal nicht so funktioniert, wie wir es uns wünschen, darin: *Wir sind Gott so wichtig, dass er uns nicht gibt, was wir wollen.*

Oder *wir sind vielleicht noch nicht bereit für das, worum wir bitten.* Wir bekommen vielleicht nicht genau, was wir wollen, weil wir in unserem Wachstumsprozess noch nicht so weit sind. Wir sind für diesen Erfolg noch nicht reif. Partnerschaften sind ein gutes Beispiel dafür. Manchmal braucht es einige schmerzhafte Beziehungen, bis Menschen herausfinden, wer sie sein sollten oder was für einen Menschen sie finden sollten, damit etwas Dauerhaftes entstehen kann. Fehlstarts in unserer beruflichen

Karriere können Übungsschritte Gottes sein, uns auf den richtigen Weg zu bringen.

Manchmal nutzen andere ihren freien Willen, um uns zu schaden. Menschen können uns verletzen und uns von unserem Weg oder dem Ziel, das wir erreichen wollen, abbringen. Das ist dann nicht Gottes Werk, sondern das Werk von Menschen. Jeder – Sie, ich, einfach jeder – hat den freien Willen, Gutes oder Schlechtes zu tun, anderen zu schaden oder freundlich zu sein, zu lügen oder sich um andere zu sorgen, zu stehlen oder zu heilen. Sie können sich darauf verlassen: Auch Gott tut es weh, wenn jemand Sie verletzt. Aber Gott ist nicht schuld daran. Genauso wenig, wie Eltern daran schuld sind, wenn ein Spielkamerad in der Schule ihrem Kind wehtut. Wenn wir unseren Kindern Freiheiten geben, birgt das das Risiko, dass sie auch verletzt werden. Die Eltern trifft keine Schuld daran. Aber sie werden immer da sein, um ihrem Kind zu helfen, wenn es verletzt ist.

Unsere Wünsche können ungesunden Motiven entspringen. Wenn unser Ziel einfach darin besteht, unser Ego zu bestätigen oder unseren Materialismus oder unsere Gier zu befriedigen, dann wird Gott wahrscheinlich nicht dazu beitragen, uns noch kränker zu machen, als wir schon sind. Im Jakobusbrief heißt es dazu, dass wir manchmal um etwas bitten, es aber nicht erhalten, weil unsere Motive falsch sind.[10]

Manchmal haben wir einfach nicht gebetet. Gott will uns gute Gaben geben, aber er will auch, dass wir ihn darum bitten. Jakobus sagt uns dazu: „Solange ihr nicht Gott bittet, werdet ihr nichts empfangen."[11]

Die Ergebnisse unseres Tuns mögen nicht immer so sein, wie wir es uns wünschen. Aber Gott ist immer da, und er ist immer für Sie. Er ist weder ein magischer Geist aus der Flasche – wie manche es uns glauben machen wollen – noch ein Zimmerkellner, der uns alles serviert, was wir wollen. Die Bibel spricht nicht von einem Universum, das uns mit allem versorgt, was wir wollen, solange wir nur die richtigen Gedanken aussenden. Sie spricht von einem Gott, der – wie gute Eltern – manche unserer Wünsche erfüllt, aber nicht alle. Manchmal fordern Eltern ihre Kinder auf, zum Wohl der ganzen Familie, auf etwas, was sie sich wünschen, zu verzichten. Manchmal wollen Eltern, dass ein Kind seine Aufgaben im Haushalt erledigt, wenn es lieber spielen möchte. Egal, wie sehr sich das Kind wünscht, spielen zu können, liebende Eltern werden sagen: „Heute geht es nicht um dich. Heute musst du dich einem höheren Ziel unterordnen." Aber gute Eltern haben immer einen guten Grund und einen Plan, der am Ende auch für das Kind gut ist.

Gott, unser Vater, ist vollkommener, als selbst die besten Eltern es sein können. Sie können sich darauf verlassen, dass er für Sie ist. Immer. Immer.

Paulus hat es so formuliert:

> Wenn Gott für uns ist, wer kann dann gegen uns sein?[12]

Gott will nicht, dass Sie sich schuldig fühlen

> Eure Sünden sind blutrot, und doch sollt ihr schneeweiß werden. Sie sind so rot wie Purpur, und doch will ich euch rein waschen wie weiße Wolle.
>
> JESAJA 1,18

Für viele Menschen gehören Gott und Schuld zusammen. Egal, ob es an ihrer religiösen Erziehung, ihrer Kirche oder ihrem eigenen Nachdenken über Gott liegt, sie sehen eine starke Verbindung zwischen beidem. Wenn sie an Gott denken, empfinden sie eine unbestimmte Schuld oder Scham, als sei Gott unzufrieden mit ihnen, als müssten sie in seinen Augen besser sein.

Machen Schuldgefühle uns zu besseren Menschen?

Es gibt jede Menge Missverständnisse zum Thema Schuld. Viele glauben, Schuldgefühle seien gut, sie motivierten dazu, sich mehr anzustrengen. Also ... da tut jemand etwas Fragwürdiges, enttäuscht seine eigenen Erwartungen an sich selbst – oder die Erwartungen anderer, oder die – manchmal nur vermeintlichen – Erwartungen Gottes, und die dann einsetzenden Schuldgefühle werden als Motivation gesehen, die ihn dazu bringt, sich zu ändern und sich anders zu verhalten. Menschen glauben, wenn man sich wegen irgendetwas nur schlecht genug fühlt, würde man sich ändern. Bedauerlicherweise wenden viele diese Theorie nicht auf sich selbst an, sondern nur auf andere, und vermitteln anderen Schuldgefühle, weil sie hoffen, dadurch das Verhalten des anderen zu ändern. Es ist das alte Spiel, jemanden „in Ungnade fallen" zu lassen.

Aber in Wirklichkeit funktioniert das mit der Schuld gar nicht so gut. Und noch wichtiger ist: *Gott will nicht, dass Sie sich schuldig fühlen.* Er will es so sehr, dass er dafür etwas tat. Er hat diesem Willen Taten folgen lassen. *Jesus gab sein Leben hin, um uns deutlich zu machen, dass Gott alles, was wir jemals getan haben oder tun werden, vergibt, damit nie mehr ein Mensch unter dem Gefühl der Selbstverurteilung leiden muss.* Der Vers am Anfang dieses Abschnitts spricht davon, dass er will, dass Sie sich so weiß fühlen wie Schnee, ohne Schuldflecke auf Ihrer Seele. Er weiß, dass Menschen, die nicht unter der Last von Schuld und Scham stehen, frei sind, das Beste aus sich zu machen.

> *Ein Mensch, der nicht mehr unter der Last von Schuld und Scham lebt, ist frei, das Beste aus sich zu machen.*

Und außerdem: Anders, als viele glauben, stehen Schuldgefühle Ihren Versuchen, sich zu ändern, im Weg. Sie verändern Sie nicht langfristig, sie bremsen Sie nur. Ihr Ehepartner, der Ihnen Liebe schuldig bleibt, wird sich nicht in einen liebenden Partner verwandeln, weil Sie ihm oder ihr ein schlechtes Gewissen machen. Die Schuldgefühle, die ein Süchtiger empfindet, durchbrechen nie den Suchtkreislauf. Sie drängen den Betroffenen eher in eine weitere Runde, um der eigenen Schuld zu entkommen. Schuld ist ein Teil des Problems, nicht die Lösung.

Die Antwort ist einfach und sie heißt: Vergebung. Bedingungslos, wir brauchen nichts zu tun, um sie zu verdienen. Wir müssen sie nur annehmen. Das ist die Vergebung, die Gott uns anbietet, egal, was Sie sonst gehört haben. Diese Art der Vergebung führt in die Befreiung von Ihrer Vergangenheit und Ihrem Versagen. Und sie befreit Sie für eine ganz neue Zukunft.

Falsche Bilder von Gott

Eines Morgens stieg ich gerade ins Auto, um zur Kirche zu fahren, als eine Nachbarin vorbeikam und mich fragte, wo ich hinwollte. „Ich fahre zur Kirche. Wollen Sie mitkommen?"
„Machen Sie Witze?", fragte sie. „Auf keinen Fall!"
„Warum nicht?", fragte ich.
„Ich brauche nicht noch mehr Schuldgefühle. Ich habe schon selbst genug. Da muss ich nicht zur Kirche gehen, um mir noch mehr aufzuladen."
„Okay", sagte ich. „Aber ich würde bei Gelegenheit gern mal mehr darüber hören."
Sie winkte mir zu, und ich sah, dass sie nicht genau wusste, was sie von meinem Angebot halten sollte.
Das Gespräch ging mir nach. Wie ist es dazu gekommen, dass ausgerechnet die Institution (Kirche), die von jemandem ins Leben gerufen wurde, der gesagt hatte, dass er gekommen sei, um die Schuld zu beseitigen (Jesus), zum Marktführer in Sachen Schuldgefühle geworden ist? Wie war das möglich? Warum glauben Menschen, dass eine Beziehung zu Gott automatisch mit Schuldgefühlen verbunden ist? Was Jesus wollte, war jedenfalls genau das Gegenteil:

> Denn ich bin nicht gekommen, um die Welt zu verurteilen, sondern um die Welt zu retten. [13]

In diesem Vers stehen zwei wichtige Dinge. Erstens: Jesus kam nicht, um Menschen schuldig zu sprechen, zu richten oder zu verdammen. Das ist nicht sein Ziel. Er kam, um zu vergeben – gerade nicht, um Schuld zuzuweisen und Schuldgefühle zu provozieren. Und mit dieser Absicht begegnet er Ihnen auch heute. Er will Schuld tilgen. Aus dem Weg räumen. Wegnehmen. Immer. Ausnahmslos.

Beim zweiten Punkt geht es um das Wort *retten*. Das Wort

retten bedeutet eigentlich „heilen" oder „ganz machen". Lesen Sie es doch einmal so: „Ich bin nicht gekommen, um dir Schuldgefühle wegen deiner Misserfolge zu machen. Ich bin gekommen, um dir zu helfen, sie zu überwinden. Ich bin gekommen, um zu heilen, was zerbrochen ist und dich immer wieder zu Fall bringt, nicht um dich zu beschämen."

Die Wahrheit über Gott

Hier ist eine Frage für Sie: Warum eigentlich gibt es *keinen* großen allgemeinen Run auf einen Gott, der uns hundertprozentige Vergebung und Annahme anbietet und uns noch dabei hilft, unsere Misserfolge zu überwinden? Dafür gibt es viele Gründe. Unter anderem gehört dazu, dass wir erzählt bekommen, dass er uns *nicht* annimmt und uns vergibt, oder dass wir eine ganze Reihe von Anforderungen erfüllen müssen, bevor wir – vielleicht – Vergebung erhalten. Solche Missverständnisse werden jeden Tag verbreitet, in Kirchen, in der Nachbarschaft. Und das war schon in biblischen Zeiten so. Ein großer Teil des Neuen Testaments wurde geschrieben, um die Überzeugung zu bekämpfen, dass Gott Leistung fordert, statt einfachem Glauben und Vertrauen. Die Menschen können nicht glauben, dass Gott allen Vergebung anbietet, die danach fragen. Aber es stimmt:

> Schon die Propheten haben von ihm geredet. Durch ihn, so bezeugen sie alle übereinstimmend, bekommt jeder die Vergebung seiner Sünden – jeder, der an ihn glaubt.[14]

> Wer mit Jesus Christus verbunden ist, wird von Gott nicht mehr verurteilt.[15]

Keine Verurteilung. Null. Nichts. Wenn Sie sich Jesus anvertrauen, ist Ihre Schuld weg – für immer. So schwer es auch zu glauben ist, es stimmt. Das sagt die Bibel immer und immer wieder. Gottes Mission hier auf der Erde war, Sie – mich – uns alle „nicht schuldig" zu sprechen. Durch Jesus.

Warum will Gott, dass Sie von Schuld und Scham frei werden?

Zuerst einmal, weil er Sie liebt und mit Ihnen versöhnt sein möchte. Es ist wie in jeder Beziehung. Wenn Sie sich von jemandem entfremdet haben, weil Sie ihn verletzt haben, dann muss diese Schuld aus dem Weg geräumt werden, bevor Sie wieder Nähe füreinander empfinden können. Gott will uns zurückgewinnen. Er will eine enge Beziehung zu uns haben. Und die Voraussetzung dafür ist Versöhnung.

Aber da ist noch mehr. *Er möchte, dass Sie der Mensch werden, der Sie sein sollten.* Und das werden Sie nie schaffen, wenn Ihre Vergangenheit oder Ihr letzter Misserfolg Sie nach unten ziehen. Sie werden damit belastet sein, sich ungeliebt fühlen, ängstlich sein, sich dafür schämen und es vor anderen verbergen wollen. Sie werden nicht frei sein. Gott möchte, dass Sie von all dem frei sind – frei, der Mensch sein zu können, als den er Sie geschaffen hat.

Das Problem mit der Schuld

Eins der größten Probleme mit Schuld ist, dass sie den Blick dafür verstellt, woran wir wirklich arbeiten sollten.

Ich habe einmal eine junge Frau betreut, die ständig mit wechselnden Partnern schlief. Nach jedem Vorfall schwor sie, dass das nie wieder passieren würde. Aber dann traf sie den nächsten Mann, der „so nett zu mir war". Und dieser Mann drängte sie, mehr zu geben, als sie eigentlich wollte ... und sie konnte nicht Nein sagen. Danach war dieser Mann bald wieder verschwunden. Wie so oft bei Männern, die Frauen zum Sex bewegen, ohne eine Bindung einzugehen. Sie fühlte sich wertlos, ausgenutzt, aber am stärksten waren ihre Schuldgefühle.

„Ich weiß, dass ich das nicht tun sollte", sagte sie immer. „Und jedes Mal glaube ich, dass ich es nicht tun werde, aber es passiert doch. Ich hasse mich. Ich bin so eine Versagerin. Und eigentlich bin ich doch Christin. Aber bin ich das eigentlich wirklich?"

Die größte Auswirkung, die ihr bewusst war, war ihre Schuld. Was sie beschäftigte, war, wie „schlecht" sie war. Und das ist das größte Problem mit der Schuld. Es machte sie blind für die wahren Auswirkungen ihres Verhaltens.

Schuldgefühle verstellen den Blick für die Realität, die wir tatsächlich ändern können.

Ihr wirkliches Problem war das, was in ihrem Leben los war, während sie Zeit damit verschwendete, sich schuldig zu fühlen. Ihr wirkliches Problem bestand darin, dass ihr Herz immer tiefer verwundet wurde, weil sie ihren Körper Männern hingab, die von ihrem Herzen und ihrer Seele nichts wissen wollten. Diese Spaltung in ihrer Psyche wurde stärker. Sie verlor die Fähigkeit, überhaupt zu erkennen, was sie für einen Mann, mit dem sie zusammen war, empfand, denn sie entfernte sich immer mehr von sich selbst.

Gleichzeitig tat sie nichts dafür, die Einsicht und die Beziehungsfähigkeit zu erwerben, die sie brauchte, um jemanden zu finden, der langfristig gut für sie wäre – einen Mann, der es wert wäre, dass sie sich ihm hingäbe. Das wirkliche Problem war eine Kombination von dem, was mit ihr passierte, und dem, was *nicht* passierte, während sie in diesem Kreislauf gefangen war. Ich wollte ihr gern helfen, das zu erkennen. Aber solange die Schuld den Weg versperrte, war es nicht möglich.

Wie denkt Jesus über Menschen, die in einem solchen Schuldkreislauf gefangen sind? In Johannes 8 finden wir ein sehr deutliches Beispiel. Selbstgerechte Religionsexperten zerrten eine Frau aus dem Bett eines Mannes, mit dem sie nicht verheiratet war (diese Männer schafften es zu übersehen, dass zu einem Ehebruch zwei gehören) und warfen sie Jesus buchstäblich vor die Füße, weil sie wissen wollten, wie er reagieren würde. Und Jesus konfrontiert sie mit den berühmten Worten: „Wer von euch noch nie gesündigt hat, soll den ersten Stein auf sie werfen!"[16] Aber er hat auch Worte für die Frau, die man in flagranti erwischt hatte. So verlief ihr Gespräch:

> „Wo sind jetzt deine Ankläger? Hat dich denn keiner verurteilt?"
> „Nein, Herr", antwortete sie.
> „Dann verurteile ich dich auch nicht!", entgegnete ihr Jesus. „Geh, aber sündige nun nicht mehr!"[17]

Keine Verdammung. Kein Aufladen von Schuld. Nur eine einfache Anweisung: Fang ein neues Leben an. Und beachten Sie die Reihenfolge: Erst das Nicht-Verdammen, dann die Lebensanweisung.

Meine Bekannte reagierte auf die Liebe Jesu ähnlich wie die Frau, die man Jesus vor die Füße warf. Nachdem ich sie davon überzeugt hatte, dass sie in Gottes Augen nicht verdammt ist, sondern vollkommen geliebt und angenommen,[18] auch wenn sie sich schuldig fühlt, war sie in der Lage, die Schuld loszulassen. Sie fühlte sich leichter, „rein" wie sie es ausdrückte, nachdem die Last weg war. Und schon bald, nachdem sie begriffen hatte, dass sie nicht verdammt ist, wachte sie auf. „Wissen Sie ... ich richte mich selbst zugrunde. Wenn ich das nicht auf die Reihe bekomme, wird mein Leben weiterhin ein völliges Chaos sein." Bingo. Gott hatte begonnen, sie zu retten, zu heilen, nachdem die (Selbst-)Verdammung aus dem Weg geräumt war.

Dass sie das Gespräch über ihr Problem gesucht hatte, war ein wichtiger Schritt auf dem Weg, diese Selbstverdammung loszuwerden. Sie brachte ihre Sünde ans Licht, und dort verlor sie ihre Macht. David sagt in den Psalmen, als er seine Sünde verschweigen wollte, „wurde ich so schwach und elend, dass ich nur noch stöhnen konnte"[19]. Meistens brauchen wir die Liebe und Annahme anderer Menschen, um Gottes Liebe völlig zu begreifen.

Besser als Schuldgefühle – Schritte der Umkehr

Gibt es so etwas wie heilsame Schuld? Nein, ich meine nicht das Gefühl der Schuld. Viele Menschen versuchen, zwischen falscher und echter Schuld zu unterscheiden. Sie sagen, dass echte Schuld eine gute Sache ist, weil sie dabei hilft, zu erkennen, was man falsch gemacht hat. Nur so könne man sich ändern. Es hat den Anschein, als fürchteten sie, wenn jemand keine Schuld empfinden könne, würde er bald wie ein Soziopath herumlaufen und die Folgen der Sünde gar nicht mehr wahrnehmen – nach dem Motto: Ist doch nicht so schlimm.

Aber diese Auffassung ist ziemlich irreführend. Die Bibel spricht davon, dass wir negative Gefühle haben sollten, wenn wir etwas Falsches tun. Nur ist es eben nicht das „schlechte Gewissen". Wenn wir uns also nicht schuldig fühlen sollen, wie dann? Die Bibel spricht sehr deutlich davon, was man fühlen sollte. Und jeder Psychologe wird Ihnen sagen, dass genau das Ihr Leben verändern wird. Wenn wir etwas Falsches tun, soll es uns leidtun. So wie es dieser Frau ging. Sie war traurig und bekümmert, weil sie ihr Leben und ihr Herz vergeudete. Sie empfand den Verlust. Und als sie erkannte, was sie verlieren würde, wenn sie ihr Leben wie bisher weiterführte, bekam sie die richtige Motivation für Veränderung. Etwas, das Schuldgefühle niemals hätten bewirken können. Lesen Sie einmal, was der Apostel Paulus zu dieser Art von „Es tut mir leid" – zur Reue – sagt:

GEHEIMNISSE GOTTES

> Denn die von Gott bewirkte Traurigkeit führt zur Umkehr und bringt Rettung. Und wer sollte das jemals bereuen! Nur die Traurigkeit, die nicht zur Umkehr führt, bewirkt den Tod. Bedenkt doch nur, was Gott alles durch eure Traurigkeit erreicht hat! Wie viel guten Willen zeigt ihr jetzt, wie bereitwillig habt ihr euch entschuldigt, und wie sehr bemüht ihr euch zu beweisen, dass ihr euch nicht mitschuldig machen wollt! Jetzt seid ihr über das Vorgefallene empört, wie groß ist eure Furcht vor den Folgen! ...[20]

Ich liebe diese Worte: Trauer, Umkehr, Reue, guter Wille, Bereitwilligkeit, Bemühen, Empörung. Solche Worte möchte jeder Therapeut gern von Patienten hören, die Entscheidendes verändern müssen. Und es sind Worte, die auch jeder Partner, der verletzt wurde, gerne hören würde. Viel bessere Worte als Schuld. Motivierende Worte, die zur Veränderung ermutigen.

Und noch etwas ist wichtig: Die Traurigkeit, die Veränderung bewirkt, ist nur von kurzer Dauer.[21] Paulus spricht hier vom Gewinn einer „Reue, die Gott gefällt" und betont, dass der Schmerz nur von kurzer Dauer war. Gesunde Reue, die Veränderung bewirkt, dauert nur so lange, wie unser Herz für die Veränderung braucht und bis wir gelernt haben, was wir wissen müssen. Dann ist es Zeit, weiterzugehen.

Im Endeffekt sieht es so aus: Wenn uns etwas leidtut und wir uns nicht nur schuldig fühlen, können wir uns darauf konzentrieren, das zu verändern, was falsch ist, statt zu versuchen, die Schuldgefühle loszuwerden.

Wenn Sie also versagen, lassen Sie die Gefühle von Traurigkeit und Reue zu, trauern Sie darüber, dass sie einen anderen Menschen verletzt oder sich selbst geschadet haben. Dass sie damit an Gottes Ziel für Ihr Leben vorbeigegangen sind. Diese Art von Reue wird Ihnen helfen, die Sachen in Ordnung zu bringen.

Sind Sie bereit für Veränderung?

Ich hoffe, dass Sie es müde sind, sich noch länger schuldig zu fühlen. Wenn dem so ist, dann habe ich eine gute Nachricht für Sie. Sie können sich von der Schuld verabschieden. Vertrauen Sie dem, was Jesus sagte und tat. Nehmen Sie ihn beim Wort: Er will Schuld aus der Welt schaffen. Dafür starb er. Und Gott hat ihn von den Toten auferweckt, um zu beweisen, dass er der ist, der er zu sein behauptete. Er verurteilt Sie nicht. Er befreit Sie zu Ihrem wahren Leben. Das ist das, was die Bibel „in Christus" sein nennt. Und Sie können es erleben, wenn Sie ihm vertrauen.

> Gott hat den Schuldschein, der uns mit seinen Forderungen so schwer belastete, eingelöst und auf ewig vernichtet, indem er ihn ans Kreuz nagelte. [22]

Wenn Sie für eine Veränderung bereit sind, können Sie gleich anfangen. Heute.

1. *Nehmen Sie Gottes Angebot an.* Das ist der erste Schritt. Sagen Sie ihm, dass Sie seine Vergebung in Anspruch nehmen wollen. Wenn Sie das noch nie getan haben – hier ist ein Vorschlag:

> „Jesus, ich glaube dir, dass du gekommen bist, um Schuld aus der Welt zu schaffen. Dass du dafür dein Leben gegeben hast. Du kennst die Schuld in meinem Leben. Du weißt, womit ich mich herumquäle. Jetzt vertraue ich darauf, dass du mir vergibst. Danke dafür."

Sie müssen nicht genau diese Worte verwenden. Sagen Sie einfach, was Sie auf dem Herzen haben und sagen Sie ihm, dass Sie seine Vergebung wollen. Das ist das Wichtige.

2. *Werden Sie ehrlich vor Gott.* Sagen Sie ihm alles, was Sie belastet, worüber Sie traurig sind. Ihre Fehler, Ihr Versagen.

Alles, was Ihnen dazu einfällt. Wenn es Ihnen hilft, schreiben Sie es auf. Sagen Sie Gott, was Sie empfinden. Und dann sagen Sie ihm, dass Sie all das Belastende hinter sich lassen wollen. Dass Sie einen neuen Anfang machen wollen. Dann nehmen Sie den Zettel (falls Sie einen geschrieben haben) und verbrennen ihn. So feiern Sie seine Vergebung. Und dann ist es geschafft. Sie sind frei.

> Wenn wir unsere Sünden bekennen, erweist Gott sich als treu und gerecht: Er vergibt uns unsere Sünden und reinigt uns von allem Unrecht, das wir begangen haben.[23]

3. Glauben Sie es. Lesen Sie Bibeltexte, die von Ihrer neuen Beziehung sprechen. Täglich, wenn es nötig ist, bis Sie es verinnerlicht haben. Danken Sie Gott. Reden Sie mit ihm darüber. Schreiben Sie sich Worte auf, die von Gottes Vergebung sprechen, und lernen Sie sie auswendig. Verankern Sie sein Wort in Ihrem Kopf und in Ihrem Herzen. Es kann eine Zeitlang dauern, aber die Bibel empfiehlt, dass wir sein Wort tief in unserem Herzen bewegen und darüber nachdenken sollen.

4. Sprechen Sie mit einem vertrauenswürdigen Menschen. Sprechen Sie mit jemandem, dem Sie vertrauen, über die Dinge, die Ihnen Schuldgefühle verursachen. Das kann eine Hilfe sein, sich davon zu befreien.

Manchmal werden Sie das Bedürfnis haben, dass ein Mensch, dem Sie vertrauen, Ihnen sagt, dass Gottes Vergebungszusage wirklich für Sie gilt. Gott hat Ihnen längst vergeben. Aber wenn ein Mensch es uns noch einmal versichert, hilft uns das, Gottes liebevolle Fürsorge zu verinnerlichen. Indem Sie spüren, dass Sie von einem Menschen akzeptiert und angenommen sind, werden Sie lernen, sich selbst so anzunehmen, wie Sie sind. Gott tut es auch.

Wenn Sie dann immer noch die anschuldigenden, kritischen Stimmen in Ihrem Kopf und Herzen haben, dann sollten Sie mit jemandem darüber sprechen, um herauszufinden, wo sie herkommen. Oft sind dies Stimmen aus alten Beziehungen, die noch in Ihnen stecken. Es sind uralte Botschaften, die bearbeitet und gelöscht werden müssen. Finden Sie heraus, wessen Stimme Sie da wirklich hören – ein Elternteil, ein Lehrer, jemand, der Ihnen ein schlechtes Gefühl gegeben hat – und fangen Sie an, diesen Stimmen zu widersprechen und sie aus Ihrem Kopf zu verbannen. Je besser Sie diese Zusammenhänge verstehen und je entschiedener Sie diesen Stimmen widersprechen, desto schwächer werden sie werden.

5. Sie dürfen immer wieder zu Gott kommen, um abzulegen, was Sie belastet. Wir Menschen sind begrenzte Geschöpfe. Wir machen Fehler. Wir versagen. Wir scheitern. Wir sündigen. Und die gute Nachricht: Gott wird es nie zu viel, sich darum zu kümmern. Er sagt nie: Jetzt ist Schluss! Er macht uns frei. Nimmt die Sünde weg. Schenkt einen neuen Anfang. Auf der Stelle. Keine stunden- oder tagelangen Schuldgefühle. Lassen Sie los, woran Sie schwer tragen. So, wie Sie seine Vergebung beim allerersten Mal erfahren haben, leben Sie jeden Tag darin und genießen Sie ein Leben frei von Schuld.

6. Leben Sie befreit! Tragen Sie den Kopf hoch! Üben Sie den aufrechten Gang. Leben Sie befreit und unbelastet. Gehen Sie ohne Scham und Schuld durchs Leben. Begreifen Sie, dass Sie jeden Tag neu von vorn anfangen können. Denn jeden Tag gilt für Sie, was Jesus sagt: „Nicht schuldig!"

Sie können Gott vertrauen

> Welchen Wert hat schon ein Spatz auf dem Dach?
> Man kann zwei von ihnen für einen Spottpreis kaufen!
> Trotzdem fällt keiner tot zur Erde, wenn es euer Vater
> nicht will. Bei euch sind sogar die Haare auf dem Kopf
> alle gezählt. Darum habt keine Angst! Ihr seid Gott
> mehr wert als ein ganzer Spatzenschwarm.
>
> MATTHÄUS 10,29-31

Ich erinnere mich noch daran, wie meine geistlichen Mentoren an der Uni mir etwas über die Herrschaft Gottes klarmachten. Eine Handverletzung, die mich dazu zwang, das Golfspielen aufzugeben, hatte mich deprimiert. Es war ein schwerer Verlust für mich. Ich war ein brandneuer Christ und versuchte herauszufinden, was ich als Nächstes tun sollte. Sie sagten mir Folgendes: „Gott hat den Überblick. Er weiß, was mit deiner Hand ist, und auch, was du dir im tiefsten Herzen wünschst. Er hat zugelassen, dass diese Verletzung deinen Kurs ändert. Es ist egal, ob er gewollt hat, dass das passiert, oder nicht. Wir können das nicht wissen. Aber du kannst dich darauf verlassen, dass er etwas Gutes für deine Zukunft vorhat." Und ich erinnere mich noch, dass sie mir etwas sagten, was mir komplett unverständlich erschien: „Du musst lernen, der Souveränität Gottes zu vertrauen."

Im Endeffekt hieß das: „Du musst darauf vertrauen, dass Gott den Überblick über dein Leben hat. Er kennt den Weg, den er dich führen will. Und der wird besser sein, als alles, was du selbst für dich planen könntest, auch wenn du das jetzt noch nicht siehst. Gott kann aus jeder Situation etwas Gutes hervorbringen."

Damals dachte ich, dass das etwas verrückt klingt. Aber wenn ich heute zurückblicke, dann sehe ich, dass Gott definitiv den Überblick hatte und etwas für mich im Sinn hatte, das mein Leben sinnvoll macht und mich zutiefst erfüllt. Damals begegnete mir ein Bibelwort, das seitdem meine Sichtweise bestimmt.

> Das eine aber wissen wir: Wer Gott liebt,
> dem dient alles, was geschieht, zum Guten.[24]

Je länger wir in der Verbindung mit Gott leben, umso mehr lernen wir, darauf zu vertrauen, dass Gott die Kontrolle hat. Das werden Ihnen Menschen, die Gott kennen, bestätigen. Indem Ihr Vertrauen wächst, wird Ihr Leben stabiler – und gewisser. Auch wenn die Dinge anders laufen als geplant, können Sie zuversichtlich bleiben und das Leben als das aufregende Abenteuer sehen, das es ist. Was Sie auch durchmachen, es entscheidet nicht über Ihre Zukunft. Gott entscheidet darüber. Er hat die Kontrolle über Ihr Heute und Ihr Morgen.

Was bedeutet das: Gottes Souveränität? Wie ich schließlich lernte, bedeutet es, dass Gott die „höchste und allwaltende Macht" zukommt. Die Bibel nennt ihn auch den „Herrn aller Herren" oder den „Allerhöchsten". Es bedeutet, dass in Ihrem Leben keine Macht des Bösen, kein Mensch, kein Zufall, einfach nichts höher ist als Gott, denn er ist der Allerhöchste. Auch wenn etwas passiert, worauf Sie keinen Einfluss haben – Gott hat noch immer Einfluss; er hat die Macht über alles.

Das Leben ist kein Spiel des Zufalls. Es gibt eine Macht im Zentrum des Universums.

Sie verlieren vielleicht einen einzelnen Satz, aber Gott wird letztendlich das Match gewinnen.

Ein Hauptunterschied zwischen der Weltsicht der Bibel und der vieler Philosophen ist die Behauptung, dass das Leben *kein* Zufallsprodukt ist. Dinge passieren nicht einfach ohne Bedeutung und Sinn. Die Bibel würde mit *The Secret – Das Geheimnis* darin übereinstimmen, dass es eine kontrollierende Macht im Herzen des Universums gibt. Aber diese Macht sind nicht unsere eigenen Gedanken und Gefühle (wie *The Secret – Das Geheimnis* behauptet). Diese Macht ist Gott. Der Glaube sagt, dass Gott „Herr des Himmels und der Erde" ist, dass nichts ohne sein Wissen geschieht, und nichts geschieht, was er nicht zulässt. Und dieser Gott, der souveräne Herrscher des Alls, ist Ihnen so nah wie ein Vater seinem Kind. Und das erlaubt es Ihnen, die Kontrolle abzugeben und auszuruhen.

Das bedeutet nicht, dass Gott schlimme Ereignisse verursacht oder beabsichtigt. Aus diesem Grund fragen sich Menschen: *Wenn Gott die Kontrolle hat, warum passieren dann die schlechten Dinge?* Die Kurzantwort darauf hat mit dem freien Willen des Menschen zu tun. Unsere Fähigkeit zu wählen kann in sehr guter Weise eingesetzt werden. Wir können sie aber auch nutzen, um uns und anderen zu schaden.

Aber jetzt halten wir uns erst einmal an den Begriff der Souveränität Gottes. Wir werden später noch mehr über die Auswirkungen von Entscheidungen sprechen.

Gott hat die Macht? Und wir?

Gott allein ist allmächtig. Aber auch wir haben ein gewisses Maß an Macht in unserem Leben – die Möglichkeit, Dinge, die uns betreffen, zu beeinflussen. Ein Kennzeichen geistiger Gesundheit ist das Ausmaß, in dem Menschen begreifen, dass sie Kontrolle über ihr eigenes Leben haben und diese Macht in Entscheidungen umsetzen. Hier einige Beispiele. Wenn Sie in einer Beziehung misshandelt werden oder wenn Ihnen Ihre Arbeitsstelle nicht gefällt, sind Sie kein hilfloses Opfer. Sie müssen wissen, dass Sie eine Wahl haben, dass Sie in Ihrem Leben die Weichen stellen und geeignete Schritte einleiten können, um für sich zu sorgen. Das ist gut und ganz natürlich. Sie können sich dafür entscheiden, sich von einem Partner zu trennen, ihn zu verlassen oder zur Rede zu stellen. Sie können sich dafür entscheiden, sich nach einer neuen Stelle umzusehen. Sie sind nicht hilflos. Das zu wissen ist ein wichtiger Aspekt geistiger Gesundheit und seelischen Wohlbefindens.

Aber was ist mit den Dingen, über die wir keine Kontrolle haben oder die wir nicht ändern können? Was tun wir, wenn ein Mensch nicht auf unsere Bemühungen reagiert, oder wenn unser Chef uns feuert, verletzt oder uns sonst etwas passiert, das wir nicht geplant haben? An diesem Punkt gilt es, sich daran zu erinnern, dass alles, was außerhalb unserer Kontrolle ist, immer noch unter die Herrschaft Gottes fällt.

Sie können beruhigt sein

Zwei unserer grundlegendsten Bedürfnisse im Leben sind Sicherheit und Kontrolle. Wenn wir uns sicher fühlen, machen wir uns nicht so viele Gedanken über Kontrolle. Stellen Sie sich die Ruhe eines Babys vor, das an der Brust seiner Mutter liegt. Es sieht keine Veranlassung dazu, zu protestieren, zu schreien, zu kämpfen, sich zu wehren, Angst zu haben oder sich Sorgen zu machen. Es gibt die Kontrolle auf.

Als Psychologe kann ich Ihnen sagen, dass es wenige Dinge gibt, die so entscheidend für Ihre geistige Gesundheit, Ihre Lebensbewältigung und Ihr psychologisches Wohlbefinden sind wie das Thema Kontrolle. Macht. Einfluss. Wie wirkt es sich auf unser Wohlbefinden aus, wenn wir das Gefühl haben, die Kontrolle zu verlieren?

Sehen Sie sich einfach um. Kennen Sie jemanden, der gestresst und besorgt über Dinge ist, die nicht klappen? Kennen Sie „Kontrollfreaks", die ausflippen, wenn sie nicht ihren Willen bekommen? Wie funktionieren die Beziehungen dieser Menschen? Wie ist es um ihr psychisches Wohlbefinden bestellt? Nicht wirklich gut. Sie fühlen sich vielleicht gut, wenn alles gut läuft. Aber wenn es nicht so ist, setzt hochgradiger Stress ein. Wenn diese Menschen die Kontrolle verlieren, sind Frieden und Wohlbefinden ebenfalls dahin, und sie gehen in Kampfstellung, bis sie das Gefühl haben, die Kontrolle wiedergewonnen zu haben.

> *Wenn Sie wissen, dass Gott die Kontrolle hat, kann kein noch so verhängnisvolles Ereignis zum Schicksalstag für Ihre Zukunft werden.*

Angst und Beziehungskämpfe sind nicht die einzigen Probleme, wenn Menschen sich machtlos fühlen. Viele versinken in Depressionen. Eines der am besten erforschten Phänomene in der Psychologie und der Psychiatrie ist das Konzept der „erlernten Hilflosigkeit". Es hat sich gezeigt: Je machtloser Menschen sich fühlen, umso eher werden sie depressiv und desto langsamer erholen sie sich davon. Sie haben das Gefühl, dass sie nichts in ihrem Leben beeinflussen können, und die Zufälligkeit unkontrollierbarer Ereignisse lässt alles hoffnungslos erscheinen.

Aber wer weiß, dass Gott die Kontrolle hat, für den kann kein noch so verhängnisvolles Ereignis zum Schicksalstag für die eigene Zukunft werden. Je länger wir mit Gott unterwegs sind, desto besser verstehen wir, dass Gott etwas Besseres für uns bereithält, wenn etwas Gewünschtes nicht eintritt. Wir lernen, seinem Nein zu vertrauen, weil wir wissen, dass sein Ja noch besser ist.

Im Vertrauen darauf zu leben, dass Gott uns liebt und dass er den Überblick und die Kontrolle hat, ist eine der wirksamsten Hilfen gegen Angst, Kontrollprobleme, Beziehungsängste, Beziehungsstörungen, Depression, Abhängigkeiten und dabei, unsere Ziele zu erreichen. Wenn Dinge nicht gut laufen, vertrauen wir darauf, dass Gott immer noch auf dem Thron sitzt. Und dass alles gut enden wird, erlaubt es uns, mit einer ganz anderen Einstellung und mit Hoffnung und Optimismus die Schwierigkeiten zu durchleben, auch dann, wenn wir keine Kontrolle über das haben, was uns gerade passiert.

Die Macht des Vertrauens

Wie setzt man dieses Geheimnis in die Tat um?

Als Erstes gilt es zu begreifen: *Nichts im Leben ist zufällig und außer Kontrolle.* Es stimmt: Schlimme Dinge passieren. Wir leben nicht mehr im Paradies, und Menschen sind in der Lage, schlechte Entscheidungen zu treffen. Aber das muss nicht zu Verzweiflung führen, denn diese Ereignisse bestimmen weder unser Leben noch das Universum als Ganzes. Gott bestimmt darüber. Darüber sollten Sie nachdenken. In der Bibel findet sich dieses Thema immer wieder. Lesen Sie das Alte Testament. Selbst in den Zeiten, in denen es für Israel schlecht läuft und alles verloren erscheint, halten die Menschen fest an dem Glauben: Gott hat die Kontrolle. Auch wenn sie bis an die Enden der Erde zerstreut sind – Gott hat immer noch die Kontrolle, bringt sie zurück und gibt ihnen das Land, das er ihnen versprochen hat. Und das tut er auch für uns.

Als Zweites: *Wenn Sie schwere Zeiten durchleben und sich vor der Zukunft fürchten, erinnern Sie sich daran, dass Gott die Kontrolle hat.* Im Lauf Ihres Lebens werden schlechte Dinge passieren. Es wird Zeiten geben, in denen Sie deprimiert sind. Dann denken Sie an diese Wahrheit. Erinnern Sie sich an die Tatsache, dass Gott immer noch die Kontrolle in Ihrem Leben hat, auch wenn nicht alles glattläuft:

- wenn Sie eine Arbeitsstelle nicht bekommen
- wenn Sie Ihre Anstellung verlieren
- wenn eine Beziehung auseinandergeht
- wenn Sie krank werden
- wenn Sie in finanziellen Problemen stecken
- wenn jemand Sie zurückweist
- wenn Sie ein Trauma oder einen Verlust erlebt haben
- wenn kleine Dinge schiefgehen und Sie belasten (Ihr Flug wird abgesagt und Sie müssen eine weitere Nacht in einer fremden Stadt verbringen)
- wenn Ihr Terminplan so voll ist, dass Ihnen keine Zeit für eine Beziehung oder ein Vorhaben bleibt, die Ihnen wichtig sind

Diese und noch tausend andere Dinge, große und kleine, können uns zermürben, wenn wir nicht darauf vertrauen können, dass Gott die Kontrolle hat und wir in diesem Vertrauen gelassen weitergehen können.

Sprechen Sie mit Freunden über diese Fragen. Hören Sie sich Berichte von Menschen an, die erlebt haben, wie Gott mit ihnen durch Schwierigkeiten gegangen ist und wie sie es geschafft haben.

Lassen Sie die Gefühle zu, die mit einem schlimmen Ereignis verbunden sind. Wenn ein Verlust Sie traurig macht, seien Sie traurig. Aber geben Sie der Hoffnungslosigkeit keinen Raum. Denn Gott hat die Kontrolle. Und er hat etwas mit Ihnen vor – und zwar etwas Gutes.

Gott möchte etwas von Ihnen

> Lebt nach seinen Geboten und Weisungen, die ich
> euch heute verkünde! Dann wird es euch und euren
> Nachkommen gut gehen.
>
> 5. Mose 4,40; GN

Etwas vom Schlimmsten daran, Vater und zugleich Psychologe zu sein, sind Situationen, in denen die eigenen Kinder unreifes Verhalten an den Tag legen. Man neigt dazu, in die Zukunft zu blicken und die schlimmen Folgen plastisch vor sich zu sehen. Als meine Töchter noch kleiner waren und keinen Brokkoli essen oder ihr Spielzeug nicht aufräumen wollten, sah ich vor meinem inneren Auge schon Drogenabhängigkeit, Jugendstrafen, Studienabbruch und ähnliche Katastrophen heraufziehen. Ich muss da also sehr vorsichtig sein, oder ich drehe durch.

Aber mir sind durch meine psychologische Ausbildung Dinge bewusst, von denen ich möchte, dass meine Kinder sie von Anfang an richtig machen, damit der Rest ihres Lebens gut verläuft. Ich hatte vor Kurzem so eine Erfahrung mit meiner Olivia. Olivia ist sechs. Sie war wegen irgendetwas beleidigt und schmollte. Sie wollte nicht darüber reden, was los war. Als ich sie danach fragte, jagte sie mich beinahe weg und schmollte noch ein wenig mehr. Ich sah die Zukunft vor mir und dachte: Das ist *kein gutes Szenario für ihre zukünftigen Beziehungen*. Wenn mich das schon stört, wird es einem späteren Freund oder Ehemann auch nicht gefallen. *Zeit für etwas Nachhilfeunterricht.*

Also fragte ich sie: „Okay, Livi. Was solltest du tun, wenn dich etwas stört?" (Sie kennt die Regeln, die bei uns gelten.)

„Sagen, was es ist. Darüber reden", sagte sie, ohne mich anzusehen.

„Richtig. Sieh mich an ... (Pause) ... Livi, sieh mich an und sag mir, was los ist."

Und dann, ganz, ganz langsam (eine Schnecke hätte es nicht langsamer gekonnt) hob sie den Kopf und sah mir schließlich in die Augen. Nach ein bisschen weiterem Zureden erzählte sie mir schließlich, warum sie auf ihre Schwester wütend war. Wir redeten darüber, und sie fand heraus, wie sie die Dinge mit ihrer kleinen Schwester wieder einrenken konnte.

Für sie ging es nur um das Problem, den Konflikt. Mir war völlig egal, welches Spiel sie gerade gespielt hatten und wie es ausgegangen war. Mir war wichtig, dass sie der Mensch wird, der sie sein sollte, *damit ihr Leben gut verläuft*. Ich wollte nicht sehen, wie sie zu einem Menschen heranwächst, der nicht mit anderen kommuniziert und nicht die Fähigkeiten hat, eine funktionierende Beziehung zu führen. Also brachte ich sie dazu, ihre Trotzhaltung aufzugeben. Wenn sie sich geweigert hätte, hätte ich sie so lange in ihr Zimmer geschickt, bis sie bereit gewesen wäre, das Richtige zu tun.

Das war nicht etwas, was mir Spaß machte oder was ich besonders gern tat. Es gab nämlich gerade die Übertragung der US Open im Fernsehen. Ich hätte mir das viel lieber angeschaut, statt an einem Samstag ein Kommunikationsseminar zu geben. Aber Olivia brauchte es, und ich wollte das Beste für sie. Und deshalb verlief der Nachmittag so wie beschrieben.

Wir sind nicht unsere eigenen Götter

Einer der Unterschiede zwischen *The Secret – Das Geheimnis* und anderen spirituellen Lehren und der Bibel besteht darin, dass es in der Weltsicht dieser Auffassungen niemanden außer dem Menschen selbst gibt, dem man Rechenschaft schuldet. Der christliche und der jüdische Glaube sehen das anders. Wir sind nicht unsere eigenen Götter. Gott ist Gott. Und er hat bestimmte Weisen festgelegt, wie wir leben sollen. Nicht, weil er besonders gern Regeln festlegt und sehen will, wie gehorsam jemand ist. Sondern weil er will, dass unser Leben gelingt. Er ist zu uns wie ein Vater, und er stellt bestimmte Anforderungen an uns, wie alle verantwortungsbewussten Eltern. Und das ist der Punkt, an dem viele Menschen aussteigen. Aus diesem Grund lehnen viele den Gott der Bibel ab.

Wir Menschen haben eine Krankheit. Wir wollen niemandem gegenüber Rechenschaft darüber ablegen müssen, wie wir leben. Wir wollen unsere eigenen Moralvorstellungen haben, die sich für uns gut anfühlen und die wir für richtig halten. Aber die Wahrheit ist: Es gibt da noch jemanden außer uns selbst, dem wir Rechenschaft schulden. Es gibt ihn einfach. Er ist da. (Und meiner Ansicht nach ist es nicht sehr schwer, der Bibel an diesem Punkt zu glauben. Als Sie geboren wurden, war die Welt bereits da. Also haben Sie sie nicht geschaffen. So denke ich jedenfalls darüber. Ich weiß, dass ich es nicht war. Jemand anders war es.)

Die Quintessenz

Aber auch wenn wir es nicht wollen – so wie Olivia mir nicht gehorchen und darüber reden wollte, was sie störte –, Gott zu gehorchen ist gut für uns. Es mag uns nicht immer gefallen, aber es rettet unser Leben. Es ist nicht so schwer zu verstehen, dass Kinder nicht unter der Kontrolle ihrer Eltern stehen wollen. Wenn wir „Kinder" auf unserem Glaubensweg sind, dann kämpfen wir vielleicht auch gegen die (vermeintlichen) Einschränkungen, die Gott in unser Leben legt. Aber wenn wir etwas erwachsener werden, beginnen wir zu sehen, dass sie zu unserem Besten dienen. Frei von Gottes Einschränkungen zu sein, würde uns letztendlich nicht guttun. Denn er nimmt sie vor, damit unser Leben als Ganzes gelingen kann.

In Rhonda Byrnes Buch *The Secret – Das Geheimnis* findet sich eine Aussage, die sehr gut wiedergibt, wie unsere Einstellung gegenüber Gottes Gesetzen sein sollte. Dort heißt es: „Wenn Sie das Gesetz nicht verstehen, so bedeutet dies nicht, dass Sie es ablehnen sollten."[25] Eine gute Einsicht. Wir täten gut daran, sie auch auf die Gesetze und Geheimnisse Gottes anzuwenden. Nur weil wir nicht alle Gesetze Gottes verstehen, heißt das nicht, dass wir sie ablehnen sollten. Jemand hat vielleicht etwas gegen ein Stoppschild und denkt sich: Ich will nicht, dass dieses dumme Schild mir sagt, was ich tun soll. Aber was er über das Schild denkt, ist unwichtig, wenn es ihn vor einer Klippe warnt, die direkt vor ihm liegt. Der Warnung nicht zu gehorchen, ist lebensgefährlich.

Gott stellt daher einige Anforderungen an uns. Im Grunde genommen diese: „Fahr nicht über die Klippe." Anders gesagt: Er will, dass wir ihm gehorchen, *damit es uns gut geht*. Die Psalmen sagen es so:

> Herr, deine Gebote sind wunderbar,
> deshalb befolge ich sie gern.[26]

Gott, wie ihn die Bibel uns zeigt, ist nicht nur eine Energie oder Kraft. Er ist eine Person. Eine Person, die ein Interesse daran hat, dass es uns gut geht. Eine Person, die weiß, nach welchen Gesetzen und „Geheimnissen" das Leben am besten funktioniert. Eine Person, die uns deshalb Gesetze – Lebensregeln, „Geheimnisse" – gegeben hat. Wenn wir uns daran halten, funktionieren die Dinge wirklich besser. Wie dann, wenn wir dem Gesetz der Schwerkraft Beachtung schenken ... oder einem nörgelnden Vater, der zu allem Überfluss auch noch Psychologe ist.

Schlusswort

Merkst du es denn nicht? Noch stehe ich vor deiner Tür und klopfe an. Wer jetzt auf meine Stimme hört und mir die Tür öffnet, zu dem werde ich hineingehen und Gemeinschaft mit ihm haben.

OFFENBARUNG 3,20

Eine Freundin sagte etwas zu mir, was eine beiläufige Bemerkung sein sollte. Aber daraus entwickelte sich eine tiefgründige Unterhaltung.

„Weißt du, was ich an deinem Glauben schätze?"

„Nein. Was?", fragte ich. Ich wusste nicht, dass sie irgendetwas daran besonders mochte.

„Es kommt mir so vor, dass er dir vieles leichter macht, dass es mit deinem Glauben zu tun hat, dass vieles gut läuft, und es macht Sinn. Das ist cool. Aber was mich vor allem beeindruckt, ist, dass du ihn niemandem aufdrängst."

„Ich würde ihn niemals anderen aufdrängen", sagte ich. „Ich will meinen Glauben gern mit anderen teilen, aber ich will ihn niemandem aufdrängen. Jeder hat ein Recht darauf, zu glauben, was er will."

„Genau", sagte sie. „Das meine ich. Es ist, als ob das, was du glaubst, für dich wahr ist, aber für jemand anderes kann seine Religion auch wahr sein."

„In vielen Religionen steckt etwas Wahres", antwortete ich, „aber ich glaube allerdings schon, dass die, an die ich glaube, *die wahre* ist."

„Ja ... wahr für dich, aber doch nicht zwangsläufig für alle."

„Wie meinst du das?", fragte ich.

„Na ja, es ist ja nicht so, dass deine die einzig richtige ist, die absolut wahre, und andere sind falsch."

„Na ja", sagte ich, „ich glaube tatsächlich, dass meine absolut wahr ist. Die einzig richtige. Eben *die Wahrheit.*"

„Moment mal", sagte sie, „so etwas wie absolute Wahrheit gibt es nicht."

„Gilt das auch für deine Aussage?", fragte ich.

Sie sah mich nur an. „So habe ich das noch nie gesehen."

„Eben", sagte ich. „Diese Aussage ergibt keinen Sinn. Man kann sie so nicht machen. Es gibt Wahrheit und Unwahrheit. Du magst glauben, dass es so etwas wie Wahrheit nicht gibt, aber wenn du vom Dach springst, wirst du herausfinden, dass die Schwerkraft nicht nur bei mir wahr ist. Sie ist auch für dich wahr. Und zwar absolut.

Aber ich will dir sagen, warum ich überzeugt bin, dass der Glaube der Bibel absolut wahr ist. Ich habe ein Problem und du auch. Und zwar folgendes: Es gab einen Menschen, der behauptete, Gott zu sein. Er sagte, wir könnten erkennen, ob seine Behauptung wahr sei, nämlich dadurch, dass wir ausprobieren, ob seine Art zu leben wahr sei. Er tat auch einige Wunder, in denen sich Gottes Macht zeigte. Und dann sagte er, dass der endgültige Beweis für die Wahrheit seines Anspruchs der wäre, dass Menschen ihn töten und er von den Toten zurückkehren würde.

Und dann tat er genau das – in unserer Geschichte, in Zeit und Raum. Natürlich gab und gibt es viele, die das bestreiten. Aber es gab zu viele Augenzeugen, die weiterlebten und davon erzählten – und einige starben sogar dafür –, als dass man denken könnte, es sei nicht passiert. Und es gibt immer wieder und in allen Jahrhunderten Menschen, die Zeugnis dafür ablegen, dass er lebendig ist. Und mein und dein Problem besteht nun darin, diese Frage zu beantworten: Was mache ich mit diesem Mann? Was tust du mit jemandem, der behauptet, Gott zu sein, und der es beweist?

Meine Antwort war die: Ich beschloss, ihm zu glauben. Ich bin Psychologe, und ich habe viele Menschen in die geschlossene Abteilung eingewiesen, die großartige Fantasien hatten. Aber diesem Mann, Jesus von Nazareth, glaube ich. Ich glaube, dass er die Macht hinter allem ist, der Gott des Universums, und dass seine Wege wahr sind und dass es diese Wege und „Geheimnisse" sind, nach denen das Leben funktioniert. Und ich glaube, dass er lebt und auch heute noch die Macht hat, in unserem Leben Wunder zu vollbringen. Darum glaube ich, dass er die Wahrheit ist. Für mich – und für dich."

Und das ist das Geheimnis, von dem ich hoffe, dass Sie es entdecken. Ebenso wie die Antworten auf die drei Fragen, die wir ganz am Anfang gestellt haben:

1. Die Macht hinter dem Universum ist nicht unpersönlich, sondern eine Person.
2. Es gibt eine Reihe von Gesetzen, die diese Person – Gott – uns gegeben hat, damit das Leben funktioniert. Und wenn wir es ausprobieren, werden wir feststellen, dass diese Gesetze zuverlässig und wahr sind. Und das wird uns befreit leben lassen.
3. Ob unser Leben gelingt, hängt nicht allein von uns ab. Es soll in Beziehung gelebt werden, in Beziehung mit dem Ursprung Ihres Lebens, mit Ihrem Schöpfer. Er hält Ausschau nach Ihnen, sucht nach Ihnen, es zieht ihn geradezu zu Ihnen hin. Wenn Sie ihn suchen, werden Sie ihn finden. Und mit ihm auch alle anderen Geheimnisse Gottes.

Dr. Henry Cloud
Los Angeles, Kalifornien
2007

Anmerkungen

Willkommen
1 siehe Apostelgeschichte 17,24-29
2 1. Korinther 4,1; NL

Die Suche
1 Matthäus 6,33
2 Matthäus 6,34

Das Geheimnis offenbart
1 Psalm 143,7
2 Psalm 9,11
3 Hebräer 11,6
4 Matthäus 7,7

Der Schlüssel zu allen anderen Geheimnissen
1 Siehe Hebräer 11,6
2 Rhonda Byrne, *The Secret – Das Geheimnis*, München 2007, S. 68
3 Hebräer 11,8
4 Matthäus 27,46
5 Hiob 13,15
6 1. Thessalonicher 4,13
7 Siehe Matthäus 4,7
8 Siehe Johannes 14,9
9 Siehe Jakobus 2,17
10 Siehe 5. Mose 5,29

Geheimnisse des Glücks
1 Prediger, 4,9-12
2 Kolosser 2,2
3 Philipper 2,2; L
4 1. Samuel 18,1
5 „People who need people are the luckiest people in the world." Aus dem Musical *Funny Girl*, 1964

[6] Hier sind einige Bibelverse, zitiert nach *Hoffnung für alle*, die zeigen, was die Bibel über unsere Gedanken und unser Herz sagt: Philipper 2,5: „Orientiert euch an Jesus Christus." 3,13.14: „Aber eins steht fest, dass ich alles vergessen will, was hinter mir liegt. Ich konzentriere mich nur noch auf das vor mir liegende Ziel. Mit aller Kraft laufe ich darauf zu." 4,6: „Macht euch keine Sorgen! Ihr dürft Gott um alles bitten." 4,8: „... orientiert euch an dem, was wahrhaftig, gut und gerecht, was anständig, liebenswert und schön ist ... darüber denkt nach." Kolosser 3,2: „Richtet eure Gedanken auf Gottes kommendes Reich ..." 3,15: Und der Friede, den Christus schenkt, soll euer ganzes Leben bestimmen." 3,16 „Lasst das Wort Christi seinen ganzen Reichtum bei euch entfalten."

[7] 2. Korinther 10,5

[8] 2. Korinther 10,5. Übersetzt nach *The Message*, deutsch von der Übersetzerin

[9] Martin Seligman, *Pessimisten küsst man nicht*, München: Droemer Knaur, 2001

[10] 2. Korinther 10,5. Übersetzt nach *The Message*

[11] 2. Korinther 10,5

[12] Römer 8,38-39

[13] Römer 8,28

[14] Hebräer 13,5b

[15] Sprüche 23,18

[16] Psalm 112,7

[17] Aaron T. Beck, *Kognitive Therapie der Depression*, Weinheim, Basel: Beltz, 1999

[18] Siehe Psalm 37,4

[19] Sprüche 13,19, L

[20] Sprüche 26,13. Übersetzt nach *The Message*

[21] Siehe Johannes 13,34; Römer 12,10; 15,7; Epheser 4,2; 4,32; Kolosser 3,13; 1. Thessalonicher 5,11; 1. Petrus 1,22; 1. Johannes 4,7

[22] Siehe 4. Mose 13,30

[23] 5. Mose 6,21

[24] 2. Korinther 3,17; EÜ

[25] Siehe Römer 8,6.9; NGÜ

[26] Galater 5,23

[27] 5. Mose 6,3

ANMERKUNGEN

[28] 1. Korinther 10,13; NL
[29] Siehe Galater 6,1
[30] Matthäus 5,4
[31] Markus 7,20-23; NL
[32] 1. Johannes 1,7-9
[33] Kolosser 3,13
[34] Matthäus 7,24-27
[35] Jakobus 1,2-5. Übersetzt nach *The Message*

Geheimnisse glücklicher Beziehungen
[1] Lukas 6,31; NL
[2] Römer 12,21
[3] Sprüche 18,21
[4] Siehe 1. Petrus 4,10
[5] Jeremia 22,3. Übersetzt nach *The Message*
[6] Matthäus 25,40
[7] Siehe Matthäus 7,17.20
[8] Matthäus 7,17.20
[9] Psalm 101,3-7; NL
[10] Hebräer 5,14; L
[11] Matthäus 7,6
[12] Matthäus 5,23-24. Übersetzt nach *The Message*
[13] Matthäus 18,15. Übersetzt nach *The Message*
[14] Sprüche 12,16

Geheimnisse über die Erfüllung Ihrer Bestimmung
[1] Psalm 100,3
[2] Prediger 3,12-13
[3] Prediger 2,24-25
[4] Matthäus 16,25
[5] Sprüche 16,9; NL
[6] Siehe Markus 12,30-31
[7] Rhonda Byrne, *The Secret – Das Geheimnis*, S. 30
[8] Matthäus 7,16-18
[9] Matthäus 12,33
[10] Galater 6,7; L
[11] Siehe Sprüche 10,3; 13,4.5.21; 14,14.23; 22,4

[12] Jakobus 1,2
[13] Sprüche 4,23, Betonung hinzugefügt
[14] Sprüche 13,3. Übersetzt nach *The Message*
[15] Sprüche 13,4. Übersetzt nach *The Message*
[16] Sprüche 13,21; GN
[17] Siehe 1. Korinther 12; Römer 12,4-7
[18] Sprüche 13,6
[19] Sprüche 15,22. Übersetzt nach *The Message*
[20] Psalm 25,5.12-13; NL
[21] Matthäus 25,24-28; NL
[22] Siehe 1. Mose 1,27
[23] Matthäus 7,7
[24] 2. Chronik 31,21
[25] Lukas 18,2-5

Geheimnisse Gottes
[1] John M. Gottman/Nan Silver, *Die 7 Geheimnisse der glücklichen Ehe*, Düsseldorf/München: von Schröder, 2000
[2] 1. Petrus 5,7
[3] Psalm 55,23
[4] Siehe Römer 8,15
[5] Johannes 15,9
[6] Johannes 15,7
[7] Siehe Jakobus 1,13-17
[8] Epheser 2,10
[9] Psalm 37,4
[10] Siehe Jakobus 4,3
[11] Jakobus 4,2
[12] Römer 8,31
[13] Johannes 12,47; NGÜ
[14] Apostelgeschichte 10,43; NGÜ
[15] Römer 8,1
[16] Johannes 8,7
[17] Johannes 8,10-11
[18] Siehe Römer 8,1
[19] Psalm 32,3
[20] 2. Korinther 7,10-11

[21] Siehe 2. Korinther 7,8-9
[22] Kolosser 2,14
[23] 1. Johannes 1,9; NGÜ
[24] Römer 8,8
[25] Rhonda Byrnes, *The Secret – Das Geheimnis*, S. 37
[26] Psalm 119,129

Der Autor

Dr. Henry Cloud ist Psychologe und Mitgründer der Cloud-Townsend-Klinik. Er moderiert eine eigene Radiosendung und ist Autor zahlreicher Bücher und viel gefragter Referent zu psychologischen und spirituellen Themen. Henry Cloud lebt mit seiner Familie in Los Angeles.

Ed Gungor

Mehr über The Secret – Das Geheimnis

Rhonda Byrnes Bestseller
„The Secret" weitergedacht

144 Seiten, gebunden,
ISBN 978-3-7655-1977-2

Wenige Bücher der vergangenen Monate haben Menschen so bewegt wie Rhonda Byrnes Bestseller „The Secret". Was fasziniert Millionen Menschen in aller Welt an diesem Buch? Lässt sich das Leben tatsächlich allein durch die Macht der eigenen Gedanken positiv beeinflussen? Und was passiert, wenn man Gott mit einbezieht? Ed Gungor entdeckt weit mehr Möglichkeiten, das „Gesetz der Anziehung" anzuwenden, als Rhonda Byrne darlegt. Lassen Sie sich überraschen!

- Was fasziniert Millionen Menschen in aller Welt an diesem Buch?
- Können wir unser Leben allein durch die Macht der Gedanken positiv beeinflussen?
- Stimmt die Kernaussage von „The Secret": „Alles, was uns im Leben begegnet, haben wir durch unsere Gedanken angezogen"?

BRUNNEN VERLAG GIESSEN
www.brunnen-verlag.de

Titus Müller

Vom Glück zu leben

160 Seiten, gebunden,
ISBN 978-3-7655-1891-1

Wer legt sich auf eine Wiese und schaut den Wolken nach? Wer kennt noch Dämmerstündchen mit gegenseitigem Geschichtenerzählen? Stattdessen rattern wir durch den Tag wie kleine Aufziehpuppen, ständig überdreht. Sogar nach Feierabend noch. Einmal völlig abzuschalten – das ist nicht so leicht.

Mir erging es auch so, und deshalb habe ich dieses Buch geschrieben, sagt Titus Müller. Er wollte herausfinden, wie man die kleinen Wunder des Lebens aufspürt und genießt. Mit allen Sinnen. Seine Tipps klingen manchmal ungewöhnlich, sind aber weder teuer noch schwierig – und in jedem Fall alltagstauglich.

BRUNNEN VERLAG GIESSEN
www.brunnen-verlag.de